青少年走近领袖人物丛书

邓小平的故事

罗范懿◎著

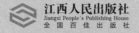

江西人民出版社
Jiangxi People's Publishing House
全国百佳出版社

图书在版编目（CIP）数据

邓小平的故事 / 罗范懿著 . — 南昌：江西人民出版社，
2022.11

（青少年走近领袖人物丛书）

ISBN 978-7-210-14365-9

Ⅰ . ①邓… Ⅱ . ①罗… Ⅲ . ①邓小平（1904-1997）—生平
事迹—青少年读物 Ⅳ . ① A762-49

中国版本图书馆 CIP 数据核字（2022）第 243392 号

邓小平的故事
DENG XIAOPING DE GUSHI

罗范懿 著

策　　　划：王一木
责 任 编 辑：张志刚
装 帧 设 计：马范如

江西人民出版社
Jiangxi People's Publishing House
全国百佳出版社　出版发行

地　　　址：江西省南昌市三经路 47 号附 1 号（330006）
网　　　址：www.jxpph.com
电 子 信 箱：jxpph@tom.com
编辑部电话：0791-86899133
发行部电话：0791-86898801
承 印　 厂：江西润达印务有限公司
经　　　销：各地新华书店

开　　　本：787 毫米 × 1092 毫米　1/16
印　　　张：12.5
字　　　数：132 千字
版　　　次：2022 年 11 月第 1 版
印　　　次：2022 年 11 月第 1 次印刷
书　　　号：ISBN 978-7-210-14365-9
定　　　价：30.00 元
赣版权登字 -01-2022-675

前
言

———

　　为深入学习贯彻落实习近平新时代中国特色社会主义思想、党的二十大精神，引导青少年践行社会主义核心价值观，帮助广大青少年树立正确的历史观、民族观、国家观和文化观，为他们打好精神底色，扣好人生第一粒扣子，江西人民出版社精心策划、隆重推出了主题阅读图书"青少年走近领袖人物"丛书，旨在让青少年通过阅读领袖人物的故事，树立爱领袖、爱祖国、爱社会主义的理念和感情，成为担当民族复兴大任的时代新人。

　　"青少年走近领袖人物"丛书包括《马克思的故事》《恩格斯的故事》《列宁的故事》《毛泽东的故事》《周恩来的故事》《刘少奇的故事》《朱德的故事》《邓小平的故事》《陈云的故事》共9册，选取领袖人物成长经历和革命生涯的感人故事，以小见大地向广大青少年介绍了他们的坚定信仰、高超智慧、深邃思想、乐观精神、伟岸人格和心系人民的伟人情怀。

　　这套丛书在语言风格和叙述方式方面，努力贴近青少年的阅读习惯及接受能力，力求以生动形象的小故事作为切入点，由浅入深地讲大道理，深刻而不失亲切，严谨而不乏生动，为读者呈现了一个个饱满生动的领袖人物形象。在版式设计上，注重舒朗大气，强化视觉冲击，以增强可读性、趣味性。此外，作者精心研究了各领袖人物的权威文献资料，注重选材精、形式活、事例美，意在完整、准确、生动地再现伟大领袖的本来面貌。总之，"青少年走近领袖人物"丛书主题突出、特色鲜明，兼具历史研究价值和文学艺术价值，是青少年革命传统教育和爱国主义教育读本，对世人理解、认识和学习领袖人物大有裨益。

少年强则国强，少年进步则国进步。当代中国青少年，既是实现第一个百年奋斗目标的经历者、见证者，更是实现第二个百年奋斗目标、建设社会主义现代化强国的生力军，赶上了大有可为、大有作为的美好时代。习近平总书记说："明天的中国，希望寄予青年。青年兴则国家兴，中国发展要靠广大青年挺膺担当。年轻充满朝气，青春孕育希望。广大青年要厚植家国情怀、涵养进取品格，以奋斗姿态激扬青春，不负时代，不负华年。"

希望广大青少年读者通过阅读和学习本书，将伟大领袖人物作为心中的榜样标杆，向他们看齐，坚持涵养进取品格、树立远大志向、刻苦学习知识、锻炼强健体魄，厚植爱党爱国爱人民的高尚情怀，用青春作笔写未来，在实现中华民族伟大复兴的生动实践中放飞青春梦想、书写人生华美篇章。

目 录

1 | 革命军的烙印

在四川省东北部、成都平原的边缘丘陵区，有一个古老的小城镇，秦统一中国时立县，宋代开始称之为广安。这里离省会成都 200 多公里，南距长江重镇重庆 100 多公里，素有"地枕巴山，城环渝水，东岭茶铁之乡，西溪鱼虾之出"的美誉。这片土地既不贫瘠，也不富裕发达。但在这片土地上所出稻米、苞谷、蚕丝、布匹等产品却质地特优，特别是布匹，谓为"筒中黄润，一端数金"。正因为如此，广安又有"金广安"之称。

除物产丰饶之外，这里的文化教育也不落后，在全国可算中等水平。广安凭其自然条件，本来可以自给自足，广安应得平安。然而，社会动荡、天灾困扰，广安不安。

这片成都平原的边缘地区，交通不便、环境闭塞，尽管如此，这里兵、灾、饥、疫"四患"依然不断。就说兵患：隋唐兵家征战，宋末南北交兵，明末农民起义，清朝滇人入掳……这里无不打上烙印，广安难得安宁。

距广安城北约 10 公里处是协兴乡，距协兴乡场镇约 2 公里处是姚坪里（今牌坊村）。在这里，随处可见一座座坐北朝南的马蹄形农家宅院。

在这众多宅院中，有一家院落：白灰墙，木头门，青瓦顶。一排正房的两边各有数间偏房，院子对面是一口不大的池塘，院子四周到处是梯田和坡地，种满了水稻、玉米等农作物，院后蜿蜒着一条小溪。

这宅院的主人姓邓，祖上从江西吉安迁徙过来，在此已繁衍 10 代有余，清代曾出过翰林，后升至大理寺卿。大理寺为古代中央的审判机关，大理寺卿，相当于现在的最高法院院长。但仅风光一时，邓家便渐渐衰败，书香墨迹无人继承，就连耕地也渐渐失去。

传到邓绍昌的父亲手上，家里已十分穷困。直到邓绍昌当家的时候，家中才慢慢添置了十几亩地。

邓绍昌为邓家三代单传，他 13 岁娶妻成家，第一任妻子张氏，不到两年病逝，没留下儿女。第二任妻子淡氏，出自广安望溪乡一支旺族，清代曾有人在湖北、江苏、甘肃出任知县，家业比邓家家业大得多。

1904 年 8 月 22 日，淡氏继头胎生了长女之后，又一个男婴，在那座白粉墙的马蹄形宅院里诞生。三代单传的邓绍昌自然喜出望外，捧在手中如掌中之宝，并取大名邓先圣，学名先贤，乳名贤娃。

邓绍昌小时候读过一点书，"先"字是按孩子的辈分排行，"圣"字他是挑了又挑的，懂得是什么意思，说明他对孩子寄予了厚望。

广安县所在的以重庆为中心的川东北地区，早在 20 世纪初就受到了维新改良思潮和资产阶级民主革命思想的影响。资产阶级民主革命宣传家邹容，就是当地巴县人，邹容的一篇战斗檄文《革命军》，如满天阴霾中的一道闪电，震撼了中华大地，同时也给他家乡的人和家乡的革命运动带来了直接的影响。

1906 年，孙中山的同盟会在重庆建立了支部，进一步推动了四川的革命斗争进程。1907 年开始，同盟会在四川各地先后举行了好几次规模较大的武装起义。1911 年 9 月 25 日，同盟会会员吴玉章等人便已在四川荣县领导起义，宣布独立。同年 11 月，同盟会在重庆地区的长寿、涪陵宣布起义。11 月 21 日，广安的同盟会率军攻占广安，成立大汉蜀北军政府。11 月 22 日，同盟军的重庆蜀军政府成立，标志着清王朝在重庆的封建专制统治覆灭。

辛亥革命爆发，邓先圣 7 岁。父亲邓绍昌正值 25 岁上下，年轻气盛、血气方刚。他一直热心于外部世界，热心于社会事务，在川东地区资产阶级民主革命思潮活跃和革命起义蓬勃发展之时，极力支持辛亥革命，并且在地方上参加了辛亥革命的武装暴动。在广安的革命军中，他还当起了类似排长那样的小指挥官。

革命军在广安县城对面设有大寨、小寨两个军寨，大概驻有一两百人。邓绍昌还曾把 7 岁的邓先圣也带入军寨，让邓先圣在军寨住了两个晚上。

窗外近距离的练武跑步声、喊杀声，还有枪炮声，浓烈的革命气氛，让这位 7 岁孩子的眼睛老是瞪得圆圆的。他从好奇、受惊，到开始明白大人们心中深藏着的某些道理⋯⋯

2 | 两枚铜板

邓先圣进私塾读书改名邓希贤，到 1927 年 23 岁时改名邓小平。他 5 岁发蒙读私塾，《三字经》《千字文》等启蒙读物倒背如流。7 岁，进入了协兴乡里首创的北山小学读书。

北山小学离邓小平家里有 3 里远，都是乡村土路，一遇雨天，泥泞难走。几次雨中回家，邓小平都滑倒在泥水中，一身上下泥水浆。祖母和母亲都心疼他，劝他雨天不上学，在家自习，他不肯，仍是风雨无阻。

每次滑倒，一身烂泥，邓小平最先想到的是，又要辛苦祖母和母亲洗衣服。摔跤了回家见到大人他从不哭，只耷拉着头，喃喃地说："又要洗衣服了……"

祖母看孩子摔成个泥人，头上脸上都是泥浆，只有两只眼睛晶莹照人，老人心疼都来不及，邓小平却还在怨自己，担心大人们又要为他洗衣服。听孩子这么说，祖母最先流泪，邓小平却不流泪，他还赶紧擦去手上的泥巴，帮祖母擦去泪花，安慰祖母说：

"不要紧，又没有摔伤哪里……"见祖母还泪水涟涟，他又说："我看爸爸他们在军寨里，每天都这个样子哩！"

这时，大人们听了，都不免破涕为笑，为邓小平高兴：小小年纪，如此懂事，不怕苦、不怕累。

无论雨雪邓小平都坚持上学，大人们拦不住。在北山小学上学的四年里，只因一次患病耽误过上学。

看孩子上学热情这样高，母亲想了个办法：每逢下雨就准备一个小布袋，布袋里装上米，还交给邓小平两枚铜板，要他中午到圩场上的熟人店铺去搭餐。邓小平也把母亲准备的一小布袋米带去学校，将两枚铜板放进衣服口袋里。头一次，带米袋去了圩场的熟人店，但他见熟人店里中午生意正忙，不好意思给他们再添麻烦。尽管早有同学在店里津津有味地吃起面条和米豆腐什么的，难免食欲涌动，但他摸摸口袋里母亲给的铜板，想起父亲带军寨里的革命军人操练，摸、爬、滚、打，嘴角干燥冒白沫，带在身上的水壶也顾不上喝一口的情景，他还是转身离开，没有给别人添麻烦。

邓小平悄悄把米袋带回学校了。放学回家，他又将米袋和两枚铜板都还给了母亲。祖母和母亲看着米袋，摸摸孩子兜得发热的铜板，都心疼地责备他，叫他以后不要这样节俭，要爱惜身体，身体是本钱。邓小平听了也总是笑着点点头，可下次带去的米袋和铜板照样完璧归赵。他宁可下午饿着肚子上课，也再不带米、钱去熟人店里添忙凑热闹了。

母亲没有办法，碰上雨天，家里只好早早把午饭做好，托人带饭到学校给邓小平吃。

3 | "偷"钱的哭声

一天，邓小平和同学在放学回家的路上，碰到另一位同学在哭，便围拢过去询问，原来是同学的妹妹得了重病，正躺在床上发高烧。

"快去请医生呀！"有同学急着说。

那位同学哭得更厉害了，大家一时哑然。邓小平知道这同学家很穷，请不起医生，怎么办呢？

邓小平回到家里，本想先把事情告诉父亲，但万一父亲不同意或帮助得少了，那同学妹妹治病的事还是解决不了呀。可病人正在发着高烧，十万火急。不管了，拿到钱再说。于是他偷偷地从父亲钱柜里取出钱来，第二天一进校就跑到同学身边，悄悄塞给同学 5 枚银圆，要他赶紧拿去给妹妹治病。

这笔钱在当时可买 500 斤谷子，不是小数目了。很快，父亲就发现丢钱了。这是家里从未发生过的事情，他很气愤，把全家老少召集起来查问。

"最近我一直没动钱包，钱不会长腿自己跑走呀！"父亲生气地说，眼睛注视着全家人。

邓小平站起身，找出来那根竹板，低头来到父亲面前，怔怔地对父亲说："钱是我拿了。罚我吧。"

父亲接过邓小平递过来的竹板，怒不可遏，不管三七二十一，举起竹板就朝邓小平伸出的手心上狠狠地打，打得祖母也心疼流眼泪。邓小平见祖母在为自己流泪，心想自己疼还可以忍，却不能让祖母跟着难受，他只好把手从父亲再举起来的竹板下抽了出来。

全家人都难以相信邓小平会偷钱，家里给他两枚铜板零用钱他都舍不得花，每次都退还给母亲，怎么会去偷呢？父亲怒气稍息之后也对此产生疑问，"这娃突然偷起钱来，还偷这么多，莫非发生了什么事情？"

父亲试探地向儿子询问，邓小平便一五一十告诉父亲实情。不等邓小平把话说完，父亲马上意识到自己打错了孩子，一把将儿搂在怀里，连连称赞：

"你做得对，你做得对呀！"父亲嗔怪他，"你怎么不早告诉大人呢？早告诉我就不会打你呀。"父亲说得既有些心疼、又有些高兴，高兴孩子已像大人了。

邓小平见父亲心疼自己，"哇"的一声哭了……

父亲不解，为何打他时忍住不哭，疼他时倒让他痛哭起来了？

邓小平边哭边说："父亲打我也应该。我毕竟还是偷了钱呀。"

"但你偷钱是为帮助别人，做好事呀！"父亲见孩子还在哭，忙帮他擦去泪水，对他解释。

"哇……"哭声却更难抑止、更强烈了。原来，邓小平在偷钱后心里一直很矛盾，他急于救人，手里却没钱，恨自己不能挣钱去救济别人，只好去"偷"。他是为自己羞愧，所以有说不出的难受……

祖母知道了邓小平究竟为何而哭，对孩子这稚嫩却成熟的哭声，露出微微的笑意。

4 | 爱 蚕

邓小平家里每年都要养蚕，到了养蚕的季节，家里的正堂和两间厢房到处摆满了蚕簸。这时候母亲很辛苦，除了繁重的家务外还要抽时间来照看蚕宝宝，白天忙家务，晚上侍弄蚕子，常常忙到深夜。这段时间，邓小平放学后除了割草、放牛、扫地和照看弟妹之外，还要扛着背篓去采桑叶，回到蚕房去添桑叶，尤其是每天晚上都要捉小蚕。

"娃，你快去睡吧，你要早起上学。"母亲催他睡觉。

邓小平却全神贯注捉小蚕，回答说："我起得来，你放心吧。"

捉小蚕要耐心、静心、细心，动作要轻，手重了蚕会损伤甚至死亡。邓小平捉蚕比妈妈、姐姐都要快。小小年纪，他并不知道举轻若重这个词，却掌握了个中要诀。他边捉边说出自己为什么这么快的原因。

常说女人家心细，邓小平这男孩子，却表现出比身边的母亲和姐姐还要细的心。

母亲又说："你还是去睡吧。怕白天上课打不起精神。"

"我不会。你们早打哈欠了，我不一个也没打吗？"邓小平总有理由说服母亲。

这样，每天晚上捉蚕，邓小平都要坚持到最后，同母亲和姐姐一起把活干完才肯去睡，这时往往都是深夜。而一大早，他又准能爬起床。

通过养蚕，邓小平清楚地看到了蚕的一生。他常对人说起蚕的一生了不起，从幼虫、蛹虫到飞蛾，全为吐尽一肚子蚕丝，织就一张张丝被，哪怕长成了翅膀也不想高飞，吐出体内全部精华，留下蚕子传承那份洁白柔软温暖的事业，自身却悄然而逝……

养蚕的季节里，邓小平离不开蚕。他喜欢听蚕啃桑叶的声音，夜里乐伴这种声音入眠；他还会把片片蚕子，夹到书页里做书签；气温低时，他还把蚕子片放进内衣贴胸脯的口袋里，用自己的体温去孵化幼蚕……

5 | 神龟不神

　　离邓小平家半里远有一座石坝，从协兴乡去县城的大路要穿过这座石坝。石坝路旁有两块神道碑。这碑是清朝嘉庆年间，朝廷为表彰两名广安籍高官邓时敏和郑人庆的功绩而树立的。两座石碑均高3米，宽1米多，立在两个巨大的石龟背上。

　　邓时敏是邓小平的祖先，邓小平听大人说起过。但还老听大人们把这石龟也说得神乎其神，他就想不通，一座石头无论雕刻成什么东西还不就是石头嘛！

　　一日，难得的天气晴好，他领伙伴们来到石坝上玩，见两座石龟各背着房屋一般高耸的石碑，在太阳底下懒洋洋的，那乌龟脑袋、乌龟背上都长出苔藓，龟眼的苔藓还更亮些，似乎流露一种鄙视路人的眼神。当时流传着一些说法，说这石龟不能乱碰，否则会有祸事，路人停留歇息，宁可站得腿发麻，也不会靠着坐坐，孩子们就是再玩要也没人敢靠近石龟去玩，连伸手摸一下都胆怯。邓小平见石龟正鄙视他，他也乜斜一眼鄙视石龟……石头就是石头嘛，被人敲敲打打出来的东西，还能瞧不起人？

邓小平知道这碑上刻的有他邓家祖先的骄傲，崇敬先祖本理所当然，但做了大官就一定得纪念吗？做官就肯定有功绩吗？尤其这石龟也跟着神气起来，他心里真不服气。

"我们爬到石龟背上去耍耍吧！"邓小平向伙伴们提出。

一些小伙伴一听纷纷拒绝："爬不得，爬石龟会肚子痛！"

"听大人说，得罪了神碑家里要遭灾的！"还有人说得更加严重。

邓小平更反感了，他大声说："一个石头的乌龟有那么大的本事？我不信！你们不敢爬，我去试试！"

邓小平边说边做出冲上石龟背的动作，他甚至爬到了石龟伸出的脑袋上，骑马一般坐在上面，并朝石龟脑袋踢了两腿，喊道："快来哟！好耍！好耍！"

"贤娃，快下来呀，你要惹祸的！"小伙伴们见了都大惊失色，有的跑过去仰头劝说："你闯了祸，我们也跑不脱啊！"

邓小平不听那一套，若无其事地玩着，还调转身向石龟背上爬去，说："惹祸就惹祸，看它怎么奈何我！"

见他又爬到了神道碑前端坐着，做出胜利者的姿势……小伙伴又怕又羡慕地仰视邓小平。

从此以后，邓小平每次来到石坝上就过来爬石龟。小伙伴们见邓小平并没肚子痛，也没有祸事，慢慢也跟在他后面爬起来，石龟上还不时发出孩子们玩打仗游戏冲杀的声音。

神龟可真神了，一天天被爬得光可鉴人。

6 | 小老师

　　李再标一个人躲在寝室里，悄悄掏出了一把锋利的小刀，对着自己的胸膛，寻找肝的部位。他一咬牙，在自己身上划出了一道口子，血流了出来……这时，一位同学突然闯进来，立即上前夺下了小刀……

　　李再标出生在四川广安一个富商家庭，是个深受母亲宠爱的孩子，对母亲十分孝顺。不久前，他母亲得了重病，用药无效，卧床不起。李再标深知钱已难治好母亲，怎么办？不可失去母亲呀，母亲对自己的爱一幕幕涌上心头，令他悲伤欲绝。

　　他读了不少旧书，书上一个个离奇古怪的行孝故事，在眼前展现……其中一个故事说，只要割下自己身上的肉给母亲吃，便可以治好母亲的病。腐朽的封建礼教，像麻醉药一般开始在他头脑中扩散。于是，为了表达自己的孝心，为了挽救病重的母亲，他断然决定：割肝救母！

邓小平听到消息马上赶去探望。他平常也与李再标要好，学习上互相帮助。邓小平问明原委，心疼地查看伤口，拉同学一并坐下。邓小平也从一位好同学的角色换成了一位严师，板起面孔，瞪圆眼睛，对李再标严肃认真地说：

"你是有点科学知识的学生，肝是药物吗？能治好你母亲的病？你割了肝后还能活命？既然你母亲很爱你，她又重病在身，如果你割肝而死，你的母亲一定会为你的死而伤心，以致命归西天，结果是你想治母病而适得其反。"

一番话直截了当，入情入理，李再标羞愧无言。邓小平接着耐心地安慰他说：

"你也是读新学的学生，要相信科学，旧书上那些故事，有的是古人挖空心思瞎编的，今后再不要做这样的蠢事了。你还是先请几天假回家，再请医生给母亲治治病，好好照顾她老人家，这才是你做儿子的真正孝心。"

李再标醒悟过来了，他请假回家去侍候母亲了。

李再标性格固执全校有名。邓小平能言善辩、诲人不倦，开导同学，成为同学的"小老师"的故事，也像那"割肝救母"的故事一样不胫而走，飞快传遍了全校。

7 | 打水仗

夏日炎炎，村后清澈的小溪是孩子们礼拜天常聚会的地方。

"小河里好多鱼！来呀，快来抓鱼虾呀！"听邓小平一呼唤，大伙都赶到村后的小溪边来了。

邓小平虽个头小，但小朋友们都听他的话，他诚实、勇敢、心眼灵。村子里有个富人家的孩子个子高、力气大、少爷气十足，邓小平很少同他玩。这少爷娃感觉到孤独，总想离间伙伴们同邓小平的关系，甚至还威胁过穷人家的孩子，但邓小平已很自然地形成了凝聚力，这位少爷也无可奈何。这时他本来想不听这小不点的，但大家都去，他只好也尾随着来了，还不自然地也挥挥手，表示是他同意大家去，以掩饰自己的尴尬。

邓小平回头见那少爷的动作，心里有数。

"爷娃，你快来呀！你个子高，深水里的鱼我们抓不到呀。"邓小平故意向后面高声唤一句。

邓小平的父亲邓绍昌对做生意和发家之道并不在意，也不见什么本事，但为人讲义气，场面上的事走得通，在社会上颇有名气。他在协兴乡"哥老会"中当过"管事"，后又升为"掌旗大爷"。"哥老会"先后参加过反洋教运动、保路运动和辛亥起义，在四川近代进步史上是起过重要作用的。后来，邓绍昌又被县长招去当过广安县的警卫总办，又叫团练局长，他还当过本乡的乡长，邓家祖上又有人在朝廷做过大官，按理说，邓小平才算个正儿八经的少爷，但他很随和，没有少爷派头，尤其对贫寒家庭的孩子格外怜悯、呵护。

爷娃听邓小平叫他，心花怒放，头一个跳入水中抓鱼。小溪有的地方快要断流了，小水潭正是鱼儿集中的地方。水中的鱼都看得见，却抓不着。追呀，游呀，抓呀，大伙玩得正欢……

抓不到鱼，爷娃领头打起了水仗，他一个劲地对一位瘦弱的孩子泼水，瘦娃只好在水里扎个猛子游开避着他。爷娃却紧追不舍，一当瘦娃露出水面又赶紧当头向他泼水。

见瘦娃被泼得喘不上气了，邓小平赶紧救驾，笑着向爷娃泼水，让爷娃转移目标。这时，瘦娃喘过气来，联手向爷娃泼水，其他的伙伴也动手向爷娃泼水……

"停，停……"爷娃受不了了，喘着气："你们，这么多人对我一人，不行！"

邓小平也笑着说："哈哈，停！"他又一语双关："这样是不公平的。我们不能以强欺弱呀！"

大伙都停手开心地笑了，瘦娃笑得最欢，爷娃也在笑，却笑得比哭还难看。

"分成两拨，正式打水仗！"邓小平提议，"人数相等。爷娃和我各领一拨，愿跟谁的站到谁那一边去"。

大伙都只你看我，我看你，谁也不愿意站到爷娃那边去。

"爷娃个高力大，他更强，你们谁过去呀！"见大伙都不愿动，邓小平又说："哪边赢了，抓到鱼归哪边。"

"哈，哪边赢了鱼归哪边！下午砍柴也归哪边砍，获胜的可坐树下乘凉下棋玩！"爷娃举双手赞成，并鼓励大伙跟他。

看到爷娃身强力大，有人开始过去了。但人数还是没均等，邓小平特意点名要瘦娃也过去。

"好了。不准分散，不准动手打人，只准泼水。谁分散和动手打人谁输。好吗？"邓小平宣布了规则，大家都同意。

"好！打呀！打水仗呀！"爷娃带头先动手了，他对着邓小平当头泼水。

大伙先是一对一，后来就乱了，激起的水花让对方都看不到人了。

邓小平个儿矮，一开始就让爷娃的几泼急水呛着了，喘不过气来了。他想，泼水要手劲，凭力气他这边肯定输定了，爷娃一个顶几个……

邓小平突然一边泼水一边大声喊叫起来："哥老会加油！打败卖国

贼！打败爷娃……"

邓小平鼓动这边的伙伴们，水花朝对方猛泼过去……

"加油！哥老会！……"这边其他伙伴也在呐喊助阵。

"加水！加水！哥老会！……"邓小平又掀起新的一波攻势。

对方听了邓小平很有创意的口号，更忍不住笑了……爷娃一方都被水花呛得喊饶命，败下阵来。

水潭的鱼也被笑得翻了白……

8 | 年少赴法留学

父亲邓绍昌当团练局长的时候，曾带兵围剿过莹山的土匪郑某，结下了仇恨。后来郑某被政府招了安，一下子当了师长，这师长可比团练局长权势大得多了，邓绍昌只好跑到重庆避难，在重庆一住就是8年。他在重庆结识了一些新的同仁，得知重庆成立了留法勤工俭学会重庆分会。

1919年暑假，父亲从重庆回到老家，带回来重庆准备开设留法勤工俭学预备学校的消息。

邓绍昌曾在成都受过几年新式教育，算是个有远见的知识分子，对军阀统治、教会横行极为不满。长年避难重庆让他的心灵受到更大震撼和荡涤，且愈挫愈奋，只恨壮志难酬，于是他把希望寄托在长子邓小平身上，要让他走出广安，闯大世界，到欧洲去学真本事，将来光耀门庭，报效国家和社会。

父亲提出，要让邓小平去报考留法预备学校，将来以勤工俭学的方式去法国学习。

母亲竭力反对，她认为邓小平年纪太小，还只有 15 岁，在广安中学也只读了一年，从未出过远门，现在一步跨出国门，她很不放心。

父亲在辛亥革命时期的军旅生活，在"哥老会"参加"保路运动"，《来日大难歌》的歌谣，协兴场上关店罢市，北山小学罢课……过去的一幕幕映在邓小平眼帘。5 月 4 日，北京爆发了轰轰烈烈的反帝反封建爱国运动，革命号角声于 5 月下旬传到广安，广安中学学生积极响应，5 月底成立了广安学生爱国分会，发出宣传"公启"，邓小平踊跃参加罢课和上街游行活动。随着年龄的增长、眼界的一天天开阔，他知道中国人民处于水深火热之中，军阀混战，生灵涂炭。为什么中国会出现这种混乱不堪局面？如何解决军阀混战的局面？五四运动中德先生（民主）和赛先生（科学）两面旗帜，在邓小平年少的心灵上飘扬，他觉得自己虽对这些军阀无能为力，但中国要富强最终必须依靠科学，只有每个青年都掌握一种科学本领，找到科学救国的路子，立志改变国家现状，中国才能成为一个不怕帝国主义欺辱的富强国家，成为一个民主、科学的国家。

父亲回家时，邓小平正因广安中学罢课离校憋在家里苦恼，国家和民族的责任感一起在他的心中激荡。这时，父亲提出的留法勤工俭学点燃了他炽烈的热望，他坚决响应父亲的计划，要去法国留学，为实现自己的理想、为国家和民族寻找新的出路……

母亲禁不住父子的软磨硬泡，终于开始为儿子收拾行装。

1919 年 9 月，邓小平告别母亲，乘货船顺渠江东下，来到了向往已久的重庆。重庆考试合格，他被留法预备学校录取。

留法预备学校共招收学生 110 人，根据邓小平只有中学就读一年的学历，他被分进初级班。学习课程有法文、代数、几何、物理、中文和工业常识，法文是主要课程，学习时间一年。和邓小平一同考取此校的还有他的堂叔邓绍圣和县中的同学胡明德。班上学生年龄多在 20 岁左右，邓小平却刚满 15 岁，加上个子矮、圆圆的脸庞、机灵的神态，外表像一位稚气未脱的孩子。他在这群热血青年中，成了同学们喜欢和呵护的小弟弟。

9 | 在五四洪流中

重庆的五四洪流正澎湃向前，从罢市、罢课发展到抵制日货运动。邓小平和留法预备学校同学们密切关注国家大事，一边抓紧学习，一边积极投身于抵制日货的斗争。组织集会、游行、散发传单，呼吁同胞拒买日货、拒用日货、拒乘日船、拒受日商雇佣，打击暗购暗售日货商人并焚烧其日货。

邓小平参加了重庆学生讨伐重庆警察厅长郑贤书的斗争。郑贤书挪用公款、拒交日货，邓小平和同学们在警察厅外面请愿，坚持露宿一天，也饿了一天。第二天清晨，邓小平和同学们又忍饥挨饿并精神振作地跑到商会门口等候郑交出日货并协商处理办法。不料，郑却带着几十名卫兵气势汹汹来到商会，勒令学生散去，并开枪打伤了 3 名学生。

枪声响起，学生流血，邓小平和同学们都愤怒得如同小老虎，他们和卫兵展开生死搏斗。邓小平第一次参加这样的械斗，他不顾饥饿疲乏，矮矮的个子、小小的拳头在大个子同学和卫兵搏击中巧妙穿梭，狠揍卫兵并缴获了武器。他还不懂开枪，便用枪当棍，英勇搏击……学生们终于全部解除了郑贤书带来的卫兵武装，郑见势不妙，只好从商会后屋越墙而逃。当天下午，邓小平同学生们收取了郑贤书购买的部分日货，将日货运到朝天门焚毁，以向市民展示其抵制日货的坚强决心。

这次重庆学生请愿讨伐警察厅长的斗争，赢得了市民的支持，邓小平在市民们为他们送稀饭、馒头等食品的过程中，看到了老百姓的泪光，感受到了群众的威力。后来，重庆卫戍司令部和商学联合会也派人来支持学生。学生两日一夜的请愿斗争达到了预期效果。

邓小平回校后，为表示自己禁日货的坚强决心，将自己带的日本商标牙粉扔出窗外，把脸盆等日用品摔毁，把自己的洋布衣也拿出来撕毁……

学生与民众的爱国热情和大无畏精神，让年少的邓小平一夜成熟许多，通过此次斗争他坚定了自己爱国救国、振兴实业的思想，更鞭策自己加紧学习，将来留法学会硬本领，回来建设好自己的国家。

10 | 十六岁生日

1920 年 8 月 22 日，是邓小平的 16 岁生日。这天，他在重庆收到了母亲从广安捎来的他平常爱吃的食品。

他想起了母亲在蚕房教子，脑海中浮现母亲头上的一根根蚕丝一样的白发，想到再过两天就要启程出国了，心中不免恋恋不舍。

1920 年 7 月 19 日，重庆留法勤工俭学会留法预备学校首届学生毕业了，堂叔邓绍圣取得贷费生资格，300 元赴法盘缠由重庆留法勤工俭学会提供；邓小平和同学胡明德只取得自费毕业生资格，资助费是重庆工商界捐款资助的每人 100 元。重庆共有 84 名学生被获准赴法。

父亲为邓小平筹集了两三百元盘缠。到了法国，一切就都靠邓小平自己了，要自己边学习边工作挣生活费。

父亲于邓小平生日这一天亲自赶到儿子身边送盘缠，向儿子递钱的那只手在微微抖动：这点钱凑来也不易，作盘缠后所剩不多，以后在异国他乡，全靠儿子自己了。为了理想吃点苦值得，可儿子毕竟是他们赴法一班人中年龄最小的一个，个子又矮小，一旦真要走出国门了，父亲的心突然软了下来，可又不能在儿子面前表现出来……

父亲带儿子去了一家餐馆，为儿子庆生点了几个菜，父子面对面坐着，开始谁也不说话，只互相看了又看。这些年，父亲明显地瘦了，没了在军寨里和当团练局长时的那般阳光，双鬓开始花白……

"你在重庆也好，这是大世面。"儿子为父亲担心。

"我这里你放心。你只管在那边好好学习，学会真本领。"父亲又看了看儿子，祝他生日快乐。

明年自己过生日时，只能写信了，邓小平在想。他尤其想起了母亲，只能摸着母亲捎来的食品抚慰思念之情……

出发的时间已定在了后天。邓小平回到寝室，马上给母亲写信：

"……请母亲不要担心，不要挂念，儿是有志气的，到了法国，能够独立生活，等将来学好本领回来干事，一定要接母亲在身边……"

11 | 艰苦磨砺

擦一把泪水,告别亲人和故乡。汽笛长鸣,巨轮顺江东下。长江两岸,层峦叠嶂。船过三峡,左右绝壁千仞,刀削斧劈,头上蓝天一线,脚下激流汹涌。船出三峡,江阔岸平。船入大海,天地无垠……邓小平的心情也像这近40天一路的远洋旅程一样,从狭隘难受,到渐入宽阔,再到胸怀舒展,壮志凌云。

途中港口高楼大厦、城市繁华,却见不少破衣烂衫的人沿街乞讨;穷苦的儿童在船舶周围游泳,在水里向船上客人哀告伸手。有的客人就将硬币故意抛入海水中,引穷孩子潜入深水中摸上来,客人如戏弄动物一般寻欢,孩子们像动物一般谋生……一个天底下的人们都是如此的不公平?

船过地中海,船上不时下令系上救生圈,以防碰上世界大战后尚未消除干净的水雷。地中海上火山爆发的余焰,在夜晚犹如五颜六色的礼花，射上蓝天，倒映水中，天地辉映，其妙无穷，就像异国他乡正在隆重迎接东方远客，令邓小平精神为之一振。

邓小平一路大开眼界，感觉自己需要了解的事远远多于广安和重庆。他一定要克服困难，充满信心，学会新科技、硬本领，回国大干事业，建设国家、造福人民！

1920 年 10 月 19 日，巨轮胜利抵达法国马赛，远远望去，城市"街道整洁宽敞，建筑精美牢固"，是沿途其他大都市所无法相比的。

然而，在法国的勤工比想象中的苦，俭学更是出人意料的难。邓小平多次改工作、换地方，还忍不住同歧视凌辱自己的工头吵架……

邓小平一次次失学、失工，家中带来的钱早已经用光，只好一边向华法教育会领取救济金，一边等待继续做工的机会。当时在巴黎领救济金的学生大约有 500 人，人满为患，连屋后菜地上的帐篷内也挤得水泄不通。每日只有五六法郎的生活费用，每日只两餐，多是自来水就面包，有时佐以粗制的巧克力糖，连蔬菜也很难吃到。

千里迢迢远渡重洋而来，邓小平的美好憧憬落入了残酷的现实之中。他不免想念家乡，思念父母姐弟亲人，也回想起自己临行前给母亲写的那封信……

"你的志气在哪？独立生活能力在哪？"邓小平质问自己。

他去了饭馆当待客员，去火车站、码头运送货物，搬运行李，去建筑工地推砖、搬瓦、扛水泥，去做清洁工，上街清扫垃圾……见缝插针，有事就干，终于渡过难关。

12 | 旅欧加入中国共产党

　　邓小平在法国的克鲁梭钢铁厂开始结识了较为年长的勤工俭学学生赵世炎和李立三。当时已经成为共产主义小组成员的赵世炎，来这座工厂的目的就是在华工和勤工俭学的学生中开展工作，启发学生的阶级觉悟，培养革命骨干。他们在钢铁厂组织了"华工组合书记部"，并陆续成立了华工工会、工人夜校、华工俱乐部、工余读书会等工人团体，还办起了油印刊物《华工周报》。赵世炎和邓小平还是四川老乡，他们利用节假日到工棚里与华工和勤工俭学的学生交谈，介绍国外时事，揭露反动政府对华工和学生的压迫剥削。

　　邓小平进入法国第二个大工厂哈金森橡胶厂做工时，接触到进步书刊《新青年》，开始接受马克思主义和共产主义思想，参加一些中国人和法国人宣传共产主义的集会。

　　1922 年 6 月，以周恩来、赵世炎为主筹备的中国少年共产党在巴黎西郊戈隆勃森林中的一个小空地上宣告成立。赵世炎担任总书记，同年夏季，邓小平被吸收加入中国少年共产党。

8月1日，旅欧少共党创办了机关刊物《少年》（后更名为《赤光》）。在编辑这本刊物的工作中，邓小平开始认识了周恩来。

当时，只有周恩来一人全脱产办机关刊物和专职从事党的工作。《少年》编辑部轮流编辑，邓小平白天在工厂上班，晚上和李大章同志一道负责为周恩来编审好的稿子刻蜡版，李富春同志负责发行工作。

1923年2月，邓小平参加了"少共"临时代表大会。会上，"少共"更名为旅欧中国共产主义青年团，周恩来当选为执行委员会书记。6月，邓小平加入团组织，在"少共"二次代表大会上开始参加支部工作。

1924年2月进步刊物《赤光》正式出版，邓小平和周恩来、李富春在刊物上发表了许多文章，进行革命宣传。邓小平以"希贤"的名字分别在《赤光》第18期和第21期首次发表《请看反革命青年党人之大肆捏造》和《请看先声周报之第四批造谣的新闻》两篇文章。

邓小平白天做工，下班后迅速赶到《赤光》编辑部投入工作。

狭小的《赤光》编辑部灯光彻夜长明。周恩来将写好的或修改好的稿件交给他。邓小平充分发挥出少小苦练正楷毛笔字的基本功夫，将稿子一笔一画工整地刻写在蜡纸上，然后用一台简陋的油印机印出来、装订好。为了保证每半月出一期，每期12页左右的内容，周恩来、邓小平一同忘我地工作到深夜。他们也就经常在这小房间里，在废稿子堆上打地铺，以书稿为床、为枕，一块进入追求理想的梦乡……

邓小平和年长他6岁的周恩来相处融洽，他非常敬重周恩来并从他的身上学到了耐心、刻苦、严谨的工作方法和奋斗精神。

邓小平的工作态度和出色的工作成绩也给周恩来留下了深刻印象，同志们也都称赞邓小平为"油印博士"。

邓小平还常把自己油印出来的《赤光》从法国邮寄回广安家里，让姐姐、弟妹们尽早接受革命教育。还给亲人写信，介绍他在法国从事的革命活动，也让家人从中早早知道什么是帝国主义侵略，接触到劳苦大众、劳农政府、翻身解放、苏维埃、人人平等和为穷人谋利益等革命理念。

1924年7月13日至15日，旅欧中国共产主义青年团召开第五次代表大会。邓小平当选为新的执行委员会委员。在执委第一次会议上，邓小平、周唯真、余增生3人组成执委书记局，邓小平负责抄写油印及财务管理。根据党的规定，当时担任旅欧共产主义青年团委员会（支部）的领导，就可以正式转为共产党旅欧支部的中国共产党党员。

未满20岁的邓小平，成了一名年轻的中国共产党党员。

13 | 中华豆腐店

"轰轰轰……"

在巴黎的一条小小街市里，夜半传出来推磨的声音。一群年轻小伙子正一边谈笑着，一边围着磨磨豆腐。

在法勤工俭学的学生们已面临工作越来越难找、生活费用越来越紧张的困境。1922 年 6 月，为了解决勤工俭学的费用问题，周恩来提议，由邓小平负责开办一家"中华豆腐店"。

小时候，邓小平同姐姐下地帮大人种过豆，也下地收过豆子苗。母亲用绳子将一株株豆子苗扎好，"人"字形拉开挂在屋檐下晾干，然后将毛茸茸的豆子一颗颗摘下来，又将摘下干了的毛豆堆放一块，用木槌子捶打，捶得毛豆裂开口子，让干得像石子一般硬的黄豆粒滚出来。母亲再将黄豆在太阳下面晒干，用木桶收藏好。等到逢年过节时，才把豆子倒出来，用水把豆子浸泡，让豆子一身松软膨胀着还原。再将泡发得松软的黄豆放进石磨里，推动石磨转起来，豆子被磨得粉身碎骨，流出白花花的琼浆……

对黄豆的一生，也像蚕的一生一样，邓小平很了解。看母亲和祖母在自家做豆腐时，他也好奇、调皮地跻身过去，硬要在推磨柄上加上自己的一只小手，同大人的手一块儿在磨上悠悠转。磨豆子很好玩，看着绿的黄的豆子从上面的磨孔放进去，不一会儿中间就磨出流水的浆，石磨就像是穿上了白色云朵一般的裙子……

让小时候的邓小平更不可想象的是，在豆浆里放上石膏水，豆浆就慢慢结成块，液体变固体；石膏水放得多豆腐就变得硬，放得少了豆腐就难成团，到底放多少就看你怎么准确把握了，这里面就有窍门，后来才知道这就是科学。

所以，当周恩来指定由邓小平负责办一个豆腐店时，他很乐意。他不时回想起少小时候同家人种豆、磨豆、做豆腐的乐趣。开豆腐店最苦的事应是磨豆腐了，眼下这每天推磨的活，自然没了少年时围在大人身边转的快活。他们在巴黎的同学们有空也过来轮流推磨，大家苦中作乐。每当邓小平腰系围裙时，更加爱说爱笑，烂漫天真，豆子一般的圆脸蛋总是童趣盎然。见大家推磨推累了，他就讲故事、哼小曲，让人不跟磨转跟故事转，磨声伴着歌唱声……

磨豆腐多在深夜里，晚上磨好以后还得赶紧做出豆腐，要在白天一大早上市卖新鲜的。实在干累了的退下，大家轮流地歇上一会儿。

"旋轮磨上流琼浆。"周恩来接上来磨豆腐，他见景生情，吟起了一句古人的豆腐诗。

"煮月铛中滚雪花。"邓小平随即和了下一句。

……

大家听磨声配乐又配诗，都不由自主拍手叫好，一时让那刚冒出头来的瞌睡虫又蜷缩了回去。

天亮了，白花花的豆腐一块块整整齐齐上了摊档……这间充满了东方风味的豆腐店很快吸引了巴黎人，"中华豆腐店"因其生产的豆腐白嫩可口，在巴黎闻名远近，家喻户晓，每天出来的豆腐都供不应求，于是店门上只好挂出"定时供应，售完即止"的告示，以安慰白跑一趟的顾客。

后来，邓小平根据经营的需要，又出新点子，增加豆腐品种，便于产品过夜储藏，满足顾客多种需求，有些顾客即使买不到鲜豆腐也可买到其他品种，让豆腐、豆浆、豆腐脑、豆腐干、冻豆腐、臭豆腐等一齐上市……

因为豆腐店的生意红火，邓小平开的豆腐店很快解决了同学们勤工俭学的经费困难，也为中共旅欧支部提供了活动经费。

邓小平和同学们回国后，旅法华侨接管了这家豆腐店。"中华豆腐店"后来有了很大的发展，驰名欧洲。

14 | "小钢炮"

旅法同学积极组织，激情声援国内的五四运动。邓小平是旅欧党团负责人，他组织的游行示威等行动引起了警方注意。法国政府于1926年1月8日签署命令：驱逐邓小平等3人出境。

1926年1月7日，即在驱逐令发出的前一天，邓小平受党的指派，和傅钟、邓绍圣等人一起离开法国，乘火车踏上了去苏联的旅途。22岁的邓小平结束了在法国5年的勤工俭学生活。

邓小平化名"多佐罗夫"，先进东方大学，后转入中山劳动大学学习。中山劳动大学是莫斯科东方劳动者共产主义大学的一个分院，1925年开院，为专门招收中国学生而设立，是一所"用马克思主义培养中国共产主义群众运动的干部，培养中国革命的布尔什维克干部"的大学校。

中山大学坐落在莫斯科西岸的瓦尔芬大街上，是一座规模相当大，四面围合的四层楼房。从上往下看，那中间的院子像个天井，既是院子，又是篮球场。楼的大门前是大花园，花园中有一条林荫小道。花园的对面是一所莲花形圆顶的皇家大教堂。

苏联倾力为东方七八个国家培养共产主义建设者，苏维埃政府尽力保证学生生活，让外国学生享受优于俄国师生的生活待遇。据一位中国学生回忆说，他们从未缺过蛋、禽、鱼、肉，一日三餐的数量和质量相当高。学校还给学生发送西服、大衣、皮鞋、雨衣、冬装及一切生活日用品，还设门诊部为学生看病，组织学生观看芭蕾舞、歌剧等艺术演出，组织假期疗养和夏令营，还组织参观莫斯科名胜古迹和到列宁格勒参观旅行。

这样的学习环境与邓小平他们在法国比，简直是天壤之别。活泼、好学的邓小平在这里如鱼得水。

学校为培养革命者，开设有语言（俄、英、法、德语）、历史（中、俄、东方与西方革命运动史）、哲学、政治经济学（主要是马克思的《资本论》）、列宁主义基础，还有军事科学和军事训练课。

邓小平在一份自传中写道："我过去在西欧团体工作时，每每感到能力不足，以致往往发生错误，因此，我便早有来俄学习的决心，我能留俄一天，便要努力研究一天，务使自己对共产主义有一个相当的认识。我来莫的时候，便已打定主意，更坚决地把我的身子交给我的党，交给本阶级。"

这正是邓小平———一位22岁年轻共产党员的铮铮誓言！

邓小平在莫斯科中山大学学习期间，也同以往在法国组织和参加革命活动一样，性格刚强，态度鲜明。当时学校有一个"理论家小组"第7组，这个组聚集了当时在校的国共两党学员。中共方面有邓小平、傅钟、李卓然、张锡瑗等；国民党方面有谷正纲、谷正鼎、邓文仪，还有汪精卫的侄儿和秘书、于右任的女婿屈武等，因此这个班很有名。邓小平还在本班之外担任了团小组长，外班的徐君虎和蒋介石的儿子蒋经国也在他这个组里。国共两党学员在信仰、观点、见解和阶级立场上都有很大差异，以邓小平为首的几位中共党员经常与对方展开激烈的理论斗争。在这种较量中，邓小平能说善辩，不胜不休，加上他说话声音洪亮，个子又矮小，同学们称他为"小钢炮"。

在1926年6月16日的一份中山大学中共支部的"党员批评计划案"中，有对"小钢炮"这样一段记载：

姓名：邓希贤。

俄文名：多佐罗夫。

学生证号码：233。

党的工作：本班党组组长。

一切行动是否合于党员的身份：一切行动合于党员的身份，无非党的倾向。

守纪律否：守纪律。

对于党的实际问题及其他一般政治问题的了解和兴趣如何，在组会中是否积极的或是消极的提议各种问题讨论，是否激动同志们讨论一切问题：对党中的纪律问题甚为注意，对一般政治问题亦很关心且有相当的认识，在组会中亦能积极参加讨论各种问题，且能激动同志讨论各种问题。

出席党的大会和组会与否：从无缺席。

党指定的工作是否执行：能切实执行。

对同志们的关系如何：密切。

对功课有无兴趣：很有兴趣。

能否为别人的榜样：努力学习，可以影响他人。

党的进步方面：对党的认识很有进步，无非党的倾向。且在团员中树立党的影响。

在国民党中是否消灭党的面目：未。

在国民党中是否能适合实行党的意见：能。

做什么工作是最适合的：能做宣传及组织工作。

15｜一条蓝白道围巾

冬天，夜幕降临时，莫斯科格外美丽。积雪把克里姆林宫、楼房、教堂打扮得如同一座座水晶宫，路灯映着一层薄冰覆盖着的万物，面前所有的一切都晶莹璀璨。

徐君虎、赵可夫、左权、蒋经国等初来莫斯科，对这一切倍觉新鲜、有趣。尽管天寒地冻，他们晚饭后总爱离开那栋"天井楼"，到学校对面皇家教堂旁的广场、公园或莫斯科河畔去散步，领略异国风光。

邓小平是外班同学徐君虎、蒋经国的团小组长，晚饭后常被他们邀出校门散散步。邓小平比团小组里其他学员的年龄都要大，各方面的经验也比他们丰富。每到散步时，除了开玩笑、聊天，最小年龄的蒋经国总是缠着邓小平要讲故事。

邓小平也最爱给他们讲在法国勤工俭学的一些惊心动魄并有传奇

色彩的革命斗争故事：

旅法勤工俭学，生活极端困苦，租住贫民窟，上班稍不留心就挨工头皮鞭抽打，工资受老板和工头层层剥削，中午只能就着自来水用几片面包来充饥，晚餐自己做，连西红柿也不敢多买，经常饿得夜里睡不着……因营养不良，大家都面黄肌瘦……

去码头做搬运工，去建筑工地扛水泥，去店里、街头做清洁工……有活就干，最挣钱的活是捡马粪，干一天能赚足一个星期的花销……

邓小平又讲自己与工头吵架、办"中华豆腐店"的故事，讲组织大家在法国游行示威，被警察监视、跟踪，周旋斗争，法国政府下拒逐令，只差一天时间也许就来不了莫斯科，更不可能坐在这里给大家讲故事了。

"你们三人为何老围着一条相同的围巾？"蒋经国和徐君虎都打量邓小平脖子上的围巾询问。

这是一条蓝白道的大围巾。邓小平、傅钟和任卓宣三人各人都围着一条。

邓小平经他们这么一提醒，也像很久未见一样的，忍不住也从上到下抚摸着。他很自豪地回答说："这是法国清洁工的一个标志，冬天里每位清洁工都围着这样一条蓝白道围巾。我们上街做清洁工时，捡马粪时，也围着它。正是它，引领我们走出了在法国勤工俭学的困境啊！"

这三条蓝白道围巾的主人中，邓小平性情爽朗、活泼，爱说爱笑，富有组织才能和表达能力；傅钟则老成持重，不苟言笑；任卓宣则是个书呆子（曾任旅法支部书记，大革命失败后叛变，曾经担任过国民党中央宣传部部长）。三人性格、爱好、追求各异，这三条法国围巾后来也成为三位主人各异的人生历程的见证。

16 | 初历险情

中国最早传播马列主义者和第一次国共合作的首倡者、促成者李大钊，1925 年在国民联军冯玉祥部担任了总政治部主任。他提出了在国民军军队里进行政治工作的必要性，冯玉祥批准了这一方案。从此，党从北方区委、黄埔军校、上海党中央以及留苏学生中，选派了两三百名共产党员，陆续到国民军中开展政治工作，并担任各路军政治工作领导职务。

邓小平尚未完成在中山劳动大学的学业，党组织便决定派他到冯玉祥的国民军中工作。他作为留苏学生首批 3 人先遣队的领队，带领两名共青团员——王崇云、朱世恒从莫斯科乘坐汽车，匆匆踏上艰难的归国之路。

从库伦到包头，苍茫草原，人烟绝迹，风沙四起，归路茫茫。一行人饿了，吃干粮；冷了，烧牛粪。广袤的荒原雪压冰封根本无路，有时大家饿着肚子还得下来推车，日行几里路。走出荒原，面前又是沙漠，沙漠可比荒原更残酷，无水、无草、无树、无人，车不能动，改骑骆驼，8天8夜才走出渺茫无边的沙漠。

历时一个多月，他们终于到达西北宁夏的银川。邓小平顾不上洗个脸，便骑马日夜兼程奔上陕甘大道，于1927年2月间到达西安。此时，他们3人个个都是衣衫褴褛了。

邓小平赶到冯玉祥部队，见到了在法国就熟识的同学刘伯坚，异国同窗，祖国相会，一时高兴得难以形容。看邓小平蓬头垢面、衣衫褴褛，他们又想哭。邓小平15岁离家，其间出国6年，回国后自然还很想见到父母姐妹啊，但革命形势发展不容恋亲，他马上被分配到刚刚成立的西安中山军事学校担任了政治处长，紧接着人生第一个正式岗位的工作就开始了。

1927年4月12日，蒋介石发动"四一二"反革命政变。邓小平熟悉的我党优秀领导人赵世炎、陈延年等都被蒋介石杀害，共产党的卓越领导人李大钊也被杀害，京津地区还有许多共产党人和国民党左派被杀。

蒋介石的反革命罪行，激起了革命人民的无比愤怒。毛泽东、董必武、恽代英、林伯渠、吴玉章等共产党员联合国民党左派邓演达、宋庆龄、何香凝等，通电讨蒋。武汉国民党中央及武汉国民党政府发布斥责蒋介石的命令，开除蒋介石的党籍，撤销其一切职务并下令通缉蒋介石。

此时，国民党反动派日益猖獗。江西反动军官枪杀革命群众；四川军阀进攻武汉；许克祥在长沙街头屠杀共产党人100余名，之后又在湖南屠杀1万多人；何键宣布与共产党决裂；汪精卫正式宣布和共产党决裂，并在武汉地区疯狂屠杀共产党人、进步青年和工农革命群众。

曾经积极参加革命，倾向进步的冯玉祥也在全国风云突变之中倒向了蒋介石。他以集训为名下令其全军政治处长集中开封，准备一边"清共"，一边在开封对被囚禁起来的共产党员搞集中"洗脑"。

邓小平这位中山学校政治处长，对"四一二"以后发生的事件历历在目。他直接同刘伯坚联系，消息灵通，得到要被集中"受训"的消息后，赶紧与刘伯坚和校长史可轩及李林等商量，大家一致认为邓小平应去武汉找中央，而不是去开封"受训"。因此，6月底，邓小平离开西安，经郑州到了武汉，找到了中央军委报到。共产党员、西安中山学校校长史可轩后来惨遭冯玉祥杀害。

邓小平报到后，将党组织关系转到了党中央，并被分配担任中央秘书工作。当时的中央秘书长是邓中夏。非常巧合，邓小平在法国勤工俭学时倾慕的同学周恩来这时也到了武汉，担任中央政治局委员和中央军事部长；留苏女同学张锡瑗在邓小平回国的第二年从苏联回国，这时也来到了中央秘书处工作。邓小平的工作主要是管理中央文件、交通、机要等事务，在中央的重要会议上记录和起草一些次要的公文。

为了适应党的机要保密工作的需要，邓小平改了名，正是在此时他由"邓希贤"改为了"邓小平"。

南昌起义、八七会议和秋收起义后，中共中央为了避开武汉的险恶局势和适应革命运动发展需要，于9月底10月初从武汉迁往上海。邓小平也随中央一同迁往上海。

此前，周恩来、罗亦农、赵世炎等在上海领导了三次规模庞大、震惊全国的工人武装起义，起义的胜利为北伐军打开了上海的大门，周恩来这位中央军事部长也在党内有了很高威望。这时，中央搬迁到了上海，周恩来实际上是主持中央常务工作的主要领导人。周恩来曾与邓小平一起在巴黎打地铺办刊、开豆腐店磨豆腐，对邓小平的能力很了解。迁往上海不久，周恩来就起用邓小平担任了中央秘书长这个重要职务，并安排邓小平和秘书处的张锡瑗同周恩来、邓颖超夫妇住在一起。

24岁的邓小平在秘书长这个重要岗位上应对自如，负责中共中央的文件、电报、交通、安排会议和中央经费等重要工作。由于上海处于敌人的严密统治之下，周围环境异常险恶，因此当时的中央领导同志需要不断变换居住点和姓名，像周恩来这样重要而又出名的人物，更是需要注意隐蔽，住处有时一月半月就要更换一次。为了秘密工作的需要，中央领导同志之间都互不知道住处。而作为秘书长，邓小平则掌握所有中央负责同志和各处中央秘密机关的地点，而且只能由他一个人掌握这些绝密情况。

在上海那个鱼龙混杂的地方，又是大敌当前，邓小平要只身游刃其间，应对一切的变化。

一次，邓小平悄悄去罗亦农住处接头，刚同罗亦农密谈完并办完了所要办的事，便从后门出来。正在邓小平后脚刚迈出门槛之际，从罗亦农的前门闯进来一帮巡捕。邓小平一出门就发现，在前门扮成擦鞋者的特科人员手指向他悄悄示意，邓小平立即知道罗亦农屋里出事了。那是因为何家兴叛变，出卖了罗亦农。罗亦农那次被逮捕后就牺牲了。

又一次，巡捕发现了周恩来的住宅，当时邓小平正同周恩来、邓颖超、张锡瑗住在一幢房子里，共产党的工作人员也及时通知了他们仨，在家的同志就赶紧搬走了。因邓小平当时不在家，没能接到通知。巡捕正在房子里翻箱倒柜搜查文件时，邓小平正好来敲门了。幸好屋子里面还有一个打入巡捕内部的特科人员，听他答应了一声要过来开门。这时邓小平也已察觉房子里的声音不对，赶紧拔腿离开了这个弄堂。

邓小平的机警让他平安地渡过了这次险情。

17 | 泪别爱妻

张锡瑗与邓小平是在莫斯科中山大学的同学，苏联共同学习的一年里，他俩一直只是同学关系，但彼此之间都比较了解。

张锡瑗生于 1907 年，今北京市房山区良乡镇人。父亲曾为良乡火车站站长，参加过"二七"大罢工。她在省属女子师范学校读书时加入了共产主义青年团。1925 年她在北京认识了李大钊、赵世炎等党的领导人，同年加入中国共产党，下半年被党组织送到莫斯科学习。她是中山大学当时比较漂亮的女同学，一米六的个子，白皙的脸，很秀气、很温柔，性格开朗、活泼、温和，讲话轻声细气，待人热情、诚恳，因此，她人缘好，朋友多，当时追求她的人不少。

邓小平比她大两岁。这位从法国留学转来莫斯科的共产党员也是校园里的活跃分子。邓小平个子虽然不高，可身体结实，圆脸方鼻留给人大方稳健的印象，机敏善辩更令人佩服，在同学中很快有了凝聚力。当张锡瑗把目光投向他时，他总是表现出在意又不在乎的样子。

1927年秋天，她自邓小平离开莫斯科的第二年经蒙古回国。回到河北家乡，她领导开展了一次保定铁路工人罢工运动。罢工之后她奔赴武汉，被留在中央秘书处工作，成了邓小平的同事。同学相遇，都很惊喜。不久，党中央迁往上海，这两位莫斯科同学也同往上海。邓小平在上海被任命为中央秘书长，张锡瑗被安排在邓小平下属的秘书处工作。同学、战友加同事关系，两人悄然爱恋上了，邓小平看她也不再是过去那种眼神了，张锡瑗也最终选择了邓小平。

上海街头，他们手牵手，装扮成富人夫妻：张锡瑗穿旗袍、留短发、穿高跟鞋，邓小平也穿长袍、戴礼帽，两人十分般配。

1928年年初，邓小平和张锡瑗结婚。同志们特地在上海广西中路一家叫"聚丰园"的四川馆子办了酒席。周恩来、邓颖超、李维汉、王若飞等在中央机关工作的30多人参加了婚礼。这对新婚夫妇还同周恩来、邓颖超在上海一起住了大半年，周恩来夫妇住二楼，邓小平夫妇住一楼。一对新人的说笑声还不时感染着楼上的那对"老夫妻"。

1929年7、8月间，邓小平奉党中央和中央军委的派遣，告别妻子，坐船经香港奔赴广西，领导百色起义、龙州起义。

1930年1月，邓小平受命回到上海，向中央和中央军委汇报广西的工作。工作汇报完毕他匆匆赶去看望妻子。此时，张锡瑗正在医院待产。没想到，这对结婚后只生活了一年半的夫妻，这次见面却成永别……张锡瑗难产，孩子产下后她得了产褥热，邓小平一直心情焦虑地陪伴着妻子，用他那热恋时的眼神看着妻子，但妻子最终还是闭上了眼睛。

此时，广西形势紧迫，军情紧急，邓小平没来得及掩埋妻子，便匆匆向妻子的遗体告别，又忍痛把婴儿托育于人，急奔广西。

张锡瑗的遗体委托了上海的工作人员代为安葬。邓颖超和张锡瑗的母亲还有妹妹为她送了葬。产下的女儿，因难产也不久就死了。

18 | 百色起义与龙州起义

1929 年 6 月，新桂系军阀李宗仁、白崇禧在蒋桂战争中失败。广西左派军人俞作柏、李明瑞分别担任广西省政府主席和广西编遣特派员，掌握广西军政大权。他们要求与中国共产党合作，党中央便利用这一机会，派邓小平、陈豪人、张云逸、李谦等一批共产党员来到广西。

同年 9 月，邓小平在南宁津头村召开中共广西省第一次代表大会，决定开展土地革命，武装农民，加强城市工人运动，准备武装暴动夺取政权。风云突变之时，邓小平和陈豪人当机立断，决定把共产党掌握的武装部队拉到左、右江地区。因为自从 1927 年年底的广州起义失败后，一些参加起义的工人转入了广西右江地区，与农民结合进行游击战争。这时将队伍拉到左、右江地区，与韦拔群、黄治峰等领导的农民运动结合，开展武装斗争，正是时机。

这时，邓小平在广西的化名叫"邓斌"，作为中央代表担任广西党组织的总负责人，陈豪人具体负责军事工作。

10月，在广西南宁警备第四大队工作的中共党员张云逸（大队长），策动部队开到右江百色地区，与韦拔群领导的右江地区农民武装相呼应。正当广西革命形势好转的时候，广西省政府主席俞作柏、省绥靖司令李明瑞不听共产党的劝告，公开宣布反蒋，不到半月即告失败。在这种形势下，邓小平、陈豪人、张云逸、雷经天、俞作豫等加紧了起义的准备工作，立即组织共产党掌握的武装部队五六千人，发动南宁兵变。然后，挥师左、右江地区。

邓小平、张云逸等同志率领警备第四大队和教导总队从水陆两路向右江百色地区进发，李明瑞、俞作豫率警备第五大队在左江龙州地区活动。

10月28日，邓小平、张云逸率驻百色一带的警备第四大队和教导大队1500余人，迅速解除了驻奉议的警备第三大队武装，歼敌1000余人，缴枪700多支，为百色起义扫除了障碍。10月30日，经中共广东省委决定，建立了中共广西前委，邓小平任前委书记，统一领导左、右江地区的党和军事工作。

12月11日，邓小平审时度势，择定在广州起义两周年祭日的这天，率广西警备第四大队、教导队和右江农军在百色正式宣布起义，一举攻占百色县城，毙敌600人，缴枪300余支（挺），子弹2万余发，并成立中国工农红军第七军，张云逸为军长，陈豪人任政治主任，所辖 3 个纵队，共 2800 余人。

12 月 12 日，右江苏维埃政府成立，右江地区开始田土插牌，向农民分配土地。百色起义胜利后，15 个县相继成立了县区乡苏维埃政权，各县农军亦改编为赤卫军，初步形成了右江革命根据地。

就在邓小平部署完百色起义准备工作，前往龙州部署龙州起义的途中，他和李明瑞不期而遇。

俞作柏、李明瑞 10 月反蒋失败后，俞作柏出走香港，李明瑞则率部滞留龙州一带。为了拉拢李明瑞，蒋介石已多次派人带着广西省政府主席、第十五军军长的委任状和巨款到龙州等地，向李明瑞及其亲属进行拉拢、引诱，结果均遭拒绝。面对广西局势混乱、南宁空虚，李明瑞当时抱有东山再起的幻想，他坚持反蒋，却又并没有参加共产党革命的意向。

为了进一步真正团结、争取李明瑞参加革命，邓小平把他带到百色的粤东会馆彻夜长谈。邓小平向李明瑞宣传革命道理，指出军阀混战的危害，介绍全国革命形势，说明共产党正在广西准备的起义，成立红七军、红八军，并请李明瑞出任两军总指挥，建立左、右江革命根据地。

李明瑞表示愿意参加革命，并立即返回龙州布置起义的各项准备工作。前委原要求龙州也于 12 月 11 日与百色一起举行起义，但因龙州发生叛乱，只好推迟起义日期。邓小平后多次找李明瑞长谈，借龙州叛乱进一步做工作，终于坚定了李明瑞参加革命的决心。

在龙州布置完起义准备工作后，邓小平前往上海向党中央汇报工作。按照邓小平的意见，李明瑞、俞作豫等在起义前夕抓紧进行改造旧部和筹建地方政权。

1930 年 2 月 1 日，邓小平、李明瑞、俞作豫等领导广西警备第五大队和左江工农武装，胜利举行了龙州起义，宣布成立中国工农红军第八军和左江革命委员会，俞作豫任八军军长，邓小平兼任政治委员，王逸任左江革命委员会主席，李明瑞任红七军、红八军总指挥。

接着，左江地区也有 6 个县相继成立了革命委员会。有的县虽然尚未成立革命政权，但也属红八军和左江革命委员会的主要活动范围。至此，左、右江革命根据地连成一片，互相呼应，成为全国瞩目的拥有 20 多个县、100 多万人口的革命根据地。

左、右江起义的胜利是在南昌起义、秋收起义和广州起义的影响和鼓舞下，中国共产党在广西少数民族地区实行"工农武装割据"的又一次光辉实践。

19 | 《国际歌》响彻左、右江

部队进驻百色后，邓小平考虑的第一件事却并不是军事。他回忆起当年在苏联莫斯科中山大学学习时，曾看到列宁撰写的《从何着手》一文中的论述："没有政治机关报，就绝对不可能有称得上的政治运动的运动；没有政治机关报，就绝对不能实现我们的任务——把一切政治上不满和反抗的分子集合起来，用他们来壮大无产阶级的革命运动""我们需要报纸，没有报纸，就不可能有系统地进行有坚定原则的全面的宣传鼓动"。因此，邓小平觉得宣传舆论得先行，办报刊是当务之急。于是，立即亲自草拟筹办《右江日报》和《士兵之友》杂志的计划。

1929年11月1日，一份八开两版的《右江日报》创刊号问世，该日报每周出纲要和社论，邓小平都亲自审阅批示。报纸为右江地区农民运动和百色起义搭建了一个重要的舆论平台。

女学生孙醒侬一次向邓小平汇报完宣传工作后，突然想起百色五中师生提出要她给他们教唱革命歌曲，她不知道教他们唱哪首歌曲为好，便请教了邓小平。

"你就教他们唱《国际歌》嘛，这是一首好歌。"

小孙犹豫说："《国际歌》，我自己还不会唱呀？"

"来，我先教你唱。"

邓小平先教她歌词，要她体会歌词的含义，要带着深厚阶级感情去唱这首歌。

"起来，饥寒交迫的奴隶！起来，全世界受苦的人！……"然后，他一句句地向孙醒侬教唱，声音由低吟、深沉，到洪亮、高亢、激昂，一波波催人"起来"，一句句鼓动斗争。教唱两个晚上，孙醒侬就学会唱了。她到百色五中教唱，师生也很快学会了这首歌。

有一天，邓小平应百色五中学生自治会邀请，向师生员工作了一场精彩的国内外形势报告。结束后，邓小平提出要大家唱一首歌，用大合唱来作为这堂报告会的尾声。

孙醒侬兴奋地站了起来，她提议：

"请邓代表给大家指挥唱《国际歌》，好不好？"

"好！"师生们立即爆发出热烈的掌声。

邓小平笑了笑，挥舞双臂，指挥大家高唱《国际歌》——

只见邓小平圆圆的脸红彤彤发亮，一对圆圆的眼睛晶莹逼人，放射出仇恨的光柱，挥舞着双手，手掌一下握拳，一下让十指剑一般指出去……

全校师生大合唱，激昂悲壮，穿云破雾，浪滚千重，战斗的旋律震撼师生的心灵，引发大家内心强烈的共鸣：当唱到"起来，全世界受苦的人，满腔的热血已经沸腾，要为真理而斗争"时，大家的热血随之沸腾，被真理点燃的烈火越烧越旺；当唱到"一切归劳动者所有，哪能容得寄生虫！最可恨那些毒蛇猛兽，吃尽了我们的血肉，一旦把它们消灭干净，鲜红的太阳照遍全球"时，激起了大家对"劳者不获，获者不劳"世道的无比憎恨，唱出的声音都具有了火药的爆破力；当最后唱到"这是最后的斗争，团结起来到明天，英特纳雄耐尔，就一定要实现"时，歌声把全体师生的心都结成一体，并带到了"要为真理而斗争"、要为真理去英勇献身的血与火的革命战场……

这支团结、战斗、胜利的歌，从五中校园传遍百色全城。会唱的个个都是老师，学生教家长，家长教孩子，一传十，十传百，思想雷霆万钧，真理点明心火，旋律爆发力量，歌声冲破层层乌云，激荡左、右江和红河畔，《国际歌》成为左、右江革命根据地最流行的革命歌曲之一。

20 │ 管用的南瓜瓢

1930 年春天的一个深夜，伸手难见五指，邓小平政委和几个同志刚从红七军在武篆的战地医院里探望伤病员出来，又赶去兵工厂检查工作。走在山道上，医院里伤员正流血的伤口和难忍的呻吟声一直在他脑海里映现、回响……摸黑赶路，再加上头脑走神，右脚被地上尖锐有倒刺的竹茬刺穿了草鞋。他感觉一阵疼痛，弯腰一摸，竹尖早已刺穿了脚背，竹茬的倒刺还牵走了脚板上的一块肉。邓小平悄悄捂住伤口，再从衣袋里掏出一张卷烟用的纸垫在草鞋底上，赶忙穿上鞋继续赶路。走在前面的同志听身后没了声响，回头问了一句。

邓小平一边赶紧跟上，一边回答："哎，鞋带脱了，绑上。"

邓小平一行去了车间，了解了生产情况，又走进伙房了解生活情况。

伙房老工友正一刀劈开了一个磨盘大的南瓜，随着"噗"的一声响，老工友也像南瓜一样笑开了嘴："嘿，这南瓜是红瓤的，很甜。厂长说为首长做一顿南瓜夜饭哩。"

邓小平说："夜深了，别麻烦你啦，谈谈我们就回去。"说完，他靠近火灶前坐下。老工友打量了一下邓小平，心里一惊，嚷道："首长，你脚背在流血！"说着慌忙要站起身撕身上的围裙来包扎。

邓小平急忙按下老工友，笑道："没什么！"说着，他不在意地解开草鞋绳，脱了草鞋，撕下那张已是鲜红的纸，再用手指伸进南瓜裂口里，钩了一团瓜瓤糊在伤口上，又贴上纸条，穿上草鞋绑好绳，就同工友攀谈了起来。

临走时，邓小平还乐滋滋地笑道："嘿，这南瓜瓤糊伤口还真管用呢，清凉，又止血止痛。"

"首长晓得这南瓜瓤是药呀？"工友又指着邓小平的脚说，"呃，那不还出血吗？"

"那不是血，该是南瓜瓤。试试，百草是药呢！"邓小平又突然想起什么，说，"老同志，这南瓜饭你不做了，这南瓜送给我吧！"

"好呀，拿走，拿走！"

红七军、红八军在广西的左右江与敌人血战。红军伤员一批又一批地抬回医院。红军缺医少药，看护伤员的姑娘们都在发愁，不能给伤员缓解伤痛，吃不香、睡不甜。

邓小平刚开完会，就和几个同志来医院探望，挨个病床地细细看、细细问，可一时也没法子找得药来为伤员止血止痛，自己心里焦急，那些护理姑娘也都不知如何是好。他想了想，只好把姑娘们叫来围了个圈子坐下，又把一个大腿被敌人马刀劈掉一大块肉的伤员扶到中间坐下。

邓小平问伤员："你是怎么掉了一块肉的？"

伤员一时傻了，他说："刚才首长不是问过了吗？"

邓小平说："你再说一遍吧，我刚才还没听清。"

伤员当着姑娘们的面，有些愧疚和羞怯，说："我也不知道，我在山头上醒过来的时候才见自己的大腿掉了肉，也许是肉搏的时候叫白匪的马刀砍的。我一看，守在山顶的全班人都牺牲了，白匪又已经翻过山头去拦我们的援兵，我挣扎着找了一支枪来打，打完了子弹又去找一支，几支枪都打完了子弹，我就用头和手去滚大石头打敌人。恰恰砸死了白军的营长，白军慌乱的时候我们又杀回了阵地。"

见姑娘们在屏气静心听这位伤员讲述英勇的过程，邓小平说："大家看看，一个伤腿佬都能打枪，还滚石头砸死了白军营长，守住阵地。我就不相信你们这么多心灵手巧的姑娘对付不了我们这些杀敌立功的伤员！"

"我们也不怕死哩。就是没有药呀！"一位姑娘说话了，其他姑娘也七嘴八舌说起来……

"像英雄战士那样克服困难。一句话，想办法！办法都是人想出来的嘛，咱们来一个想办法比赛！总有办法让我们的伤员好受点。"邓小平说完就去兵工厂了。

姑娘们拿出了训练班的问答课本来教伤员，并集中轻伤员唱歌，《国际歌》的旋律激励着战士们，要重新上战场。有的姑娘准备回家去背来懂伤科的老郎中，有的想乔装外出买药，有的想起自己上山砍柴砍伤了手时父母敷的草药……

第二天一大早，姑娘们见邓政委捧着一个剖开的大南瓜，都一时弄不明白。邓小平放下南瓜，二话不说，对着姑娘们和伤员，抬腿解开自己脚上的草鞋绳，拿出纸片、南瓜瓤，露出没有一点污血的伤口叫大家看，又幽默地讲起了他昨晚"嘴不吃南瓜而脚敷南瓜"的故事，讲得重伤员们也笑了。

那个被砍掉大腿肉的伤员，三下五除二就解开腿上的一大圈布条，捏捏满是血污的伤口，要求："我也试一试！"

邓小平打开南瓜，抓一把瓤轻轻地给这个伤员敷上。果然，伤员眼珠滴溜一转，脸上马上露出快活的神情："凉丝丝的呀！"

医院里一下乐开了，南方谁家的楼上不堆几个南瓜，"马上动手！马上动手！"

伤员们都敷上了凉丝丝的南瓜瓤，伤口甭提多舒服了！

21 | 以一当十

邓小平带上一支 100 多人的队伍从龙州去七里区，经过东江村时被敌人发觉，只好在东江村与敌人交了火。好在护送的思林县县委书记陈鼓涛与邓小平分开后，闻讯又带队伍火速赶到，击退了思林县保安团的白军。

经过一天的急行军，邓小平和红军战士来到了那塘村。邓小平再三劝陈鼓涛不要送了，陈鼓涛执意道："敌人是不会甘心失败的，他们还会来追，我们一定要把你们送到七里区！"

不出所料，思林县保安团在东江被打跑后，迅速报告了右江"清剿大队"，妄图调集各县民团围歼这支队伍。这支"清剿大队"队长叫黄贵朝，满脸麻子，当地群众都叫他黄麻子。黄麻子得到报告后，立即调集三县民团，向那塘村反扑过来。

"邓政委，我们尽快把三个县的赤卫队集中起来，在这里与敌人展开决战！"陈鼓涛建议。

三县赤卫队总共只有 600 人，黄麻子指挥的三县民团却有 1000 多人，赤卫队的武器也比民团的差。

邓小平回答："不能硬拼！"接着他详细地跟向导老黄了解了这里的地形。这个村两面环山，就像一个猪槽，只要把两头山路路口守住，就能顶住敌人；另外，黄麻子调集民团前来追赶，他的老巢必然空虚，如用各县赤卫队直捣敌人的老巢，必能打他个措手不及。邓小平把自己的想法告诉了陈鼓涛，老陈表示赞同，但担心邓政委 100 多人的队伍在这里要顶住 1000 多人民团的围攻，要冒相当大的危险，万一顶不住，后果不堪设想。

邓小平从表情看出来陈鼓涛的心思，拍了拍他肩膀说："老陈啊！红军战士都是钢铁汉，能顶得住！只要坚持 3 天，敌人自然会跑掉！"

邓小平把队伍分成三路，一路迅速占领村北山顶制高点，守住路口；一路在村南山坡上，堵住敌人从后面反扑的路；一路留在村里做预备队。

黄麻子带民团大摇大摆向那塘方向过来，但还没接近村子，就遭到红军的袭击。敌人拼命想占领山头，却被山头上的战士压制着。激战整整一天，民团没能前进一步。

同一天，陈鼓涛按照邓政委的指示，分别派人向思林、恩隆、果德三县的赤卫队发出战斗命令：迅速集中攻打县城。这三县的赤卫队接到命令后，集中土枪土炮，还买了许多鞭炮，用火药做好炸药包，分别向三县城进攻。

三县城周围，突然枪声、炮声齐鸣，县城敌人被吓得晕头转向，马上派人向黄麻子报告，各县集结来的民团立即抱头鼠窜返回县城。

敌人 1000 多人的队伍在 100 多名红军战士面前不击自逃。

22 │ 魁星长明

武篆屯上有座魁星楼。魁星楼过去是祭祀文魁星的地方，楼里供着神牌和菩萨。常有老百姓在这里点燃烛火，烧香叩头，拜文曲星菩萨，保家庭文道通达，人才兴旺，社会繁荣昌盛。

红军来了以后，这魁星楼上灯光长明。菩萨被搬走了，这里成了农协会和工农民主政府办公的地方。从广州起义失败战场上过来的韦拔群在右江一带组织了一支农民武装，他住在二楼。

1930 年 4 月，邓小平来到武篆，韦拔群就在二楼上增加一张竹床和一张旧的八仙桌，供邓政委办公和学习。从此，楼上的灯光就经常亮至深夜。

邓小平在楼上经常和韦拔群等人一起召开军政干部会议、党员领导骨干会议，研究制定有关土地革命的方针、政策。此时，毛泽东、朱德在井冈山农村革命根据地对土地革命已有了成功的经验。他便向纵队主要党员领导干部介绍他在中央工作时从红四军报告中学来的土地革命的做法。

为了更好地组织大家学习和重点培训骨干，邓小平还在魁星楼的桐油灯下编写了两本油印教材：《土地革命的政策和口号》和《苏维埃的组织和任务》。

在学习和培训时，邓小平也结合当地实际情况，在这里与大家开展热烈讨论。邓政委的身影也经常出现在左、右江两岸。他戴着竹笠帽，提着拐棍，穿着草鞋，裤脚卷得高高的，后面跟着红军战士，跋山涉水，走到哪，就在哪开会布置工作，找群众谈心，访贫问苦，关心体贴百姓生活。武篆魁星楼周围的壮族老百姓中间流传着关于这位红军首长的传说。

有一次，邓小平一行人路过向都县印茶区，在一个小山村住宿。住房紧，老百姓为他腾出床铺他不睡，而是和护送人员一起挤地铺，八九个人挤在三床破旧的棉被里。夜里，老乡特地为他把灯点得亮亮的好看书，他见桐油灯上点着两根灯芯，赶紧伸手拔掉一根。凌晨，邓小平发现主人天没亮就起床挑水，挑担水要很长时间，他悄悄跟了出去。天一亮，战士们准备进厨房洗脸，邓小平一手拦住，把战士们带到泉边去洗了脸。

主人看战士们都带毛巾去泉边了，心里急了，嗔怪邓政委："没有什么好招待，几瓢水还拿不出来？"

"你挑担水不容易，往返走几里路呵！"邓小平早已心中有数，他站在屋外的树底下，注意了老百姓挑水的困难。

一次在田东县，大家开完会回来很晚，一到住地便赶忙为首长拆门板、打地铺。邓小平却阻止说："今夜我不能打地铺。"他扯起一张平时用来晒东西的竹掩子走过来，硬说："这东西又省事又平坦！"

住户和战士们也只好由着他。大家一躺下，一阵阵刺骨的寒风从天井闯了进来，把主人的房门吹得"砰砰"响。这时，战士们才明白，邓政委为何坚持不准用门板搭铺，原来他是考虑春夜里起风，如果没门遮挡，主人一家老小就要挨冻受冷。大家心里都有说不出的感慨：政委这颗心呀，总是在牵挂着我们壮家的冷暖！

有一次，邓小平在奉议茶花屯开完会，急着要赶到伦圩去，护送他的有4位赤卫队员。在过夹口时，夜里寒风吹来，邓小平见前面的队员穿得单薄，立即把自己的棉衣脱下，披在他的身上。那队员极力推让，邓小平只好用命令的口吻叫他赶快穿好，并提醒："注意敌情！"这下可把农民兄弟给唬住了，不敢吱声，老实穿上。一路上赤卫队员眼里噙满泪花，切身地感受到那句歌词的真切："工农和士兵，原来都是一家人……"

1930年夏，邓小平带队伍收回百色、奉议、恩隆之后，队伍集中整训。他课余饭后常去村里访贫问苦，一天，在农民赤卫军梁连长的陪同下，来到一个农民家里，发现这家农户连茅棚顶都无力翻盖，屋顶透光，四墙泥巴脱落难挡风雨。里面突然传出一阵呻吟，他一头钻进去，原来床上躺着一位壮族老大娘，上气不接下气。邓小平不顾大娘懂不懂自己的话，问她得了什么病、一家几口人。梁连长替病人回答：她叫梁姆蕊，原来家有9口人，由于天灾人祸，男人受苦受累死了。从此，生活更是难上加难，儿女7个，病死饿死4个。实在无法度日，她忍痛把8岁的男孩和10岁的女孩卖掉，她和大儿子相依为命，一把粗糠一把野菜活了下来。邓小平两眼噙满泪花，安慰老大娘说："共产党来了，红军来了，这是咱老百姓的队伍。我们正是要让你们过上好日子。你安心养病，相信日子会一天天好起来的。"

梁连长又用壮语向老大娘说了一遍邓小平的话。邓小平又拿出200个铜板交给梁连长，要他给老大娘。又吩咐梁连长带领战士，上山割来些茅草，帮大娘把房子修理好。

老大娘捧着邓政委送的200个铜板舍不得花，见人就说："苍天开眼了，红七军是咱壮家的大救星！"

魁星楼上又是灯火长明。老百姓再没去烧香拜菩萨了，大家驻足凝望魁星楼，久久地、久久地看着楼上油灯闪烁，那光亮仿佛与天上银河汇在一起，照亮了人间……

23 | 血染的诗抄

赤卫军大队长黄绍谦正在家里聚精会神地擦手枪。这是一支他心爱的手枪，百色起义前夕，邓政委指挥军械船运来，又亲手发给他的。除此外，另外还有 30 多支步枪。

黄绍谦边擦枪边回想与邓小平相识的那一刻：

一位短发、斜挂斗笠的青年人，个子敦实，两眼炯炯有神……突然间，前几天派出去送信的小战士，喜气洋洋地带几个人进门来——

"这不是邓政委吗！"黄绍谦喜出望外，激动得喊了起来。他赶紧迎上前，紧紧握住邓小平的手。

邓小平不顾昨夜赶路没合眼，赶紧同黄绍谦谈起话来。从拉家常开始，谈到"投笔从戎"，最后谈到攻打向都县城的战斗中反动县长逃跑的事……邓小平循循善诱，从力量对比、兵力部署、行动的保密、作战过程里大大小小的问题上，引导他去找原因、查漏洞，让黄绍谦"吃一堑长一智"，点出他单凭热情蛮干的弱点。

白天没谈完，晚上住在后山的岩洞里，又继续长谈。

第三天，邓小平同志要离开了，黄绍谦感激难舍。邓小平从男人的热泪中感觉到这次交流的成功，情感交融达到的热度。他鼓励一番，再顺手拿起书桌上的纸笔，书写了一首当时流传甚广的诗：

男儿立志出乡关，

报答国家哪肯还。

埋骨岂须桑梓地，

人生到处有青山。

邓政委离开了。从此，黄绍谦把政委这笔锋刚劲如刻钢板一般的诗揣在怀中，把政委音容笑貌记在心扉，这首诗成了他鼓舞斗志、战胜困难的力量。

邓小平率领红七军北上之后，反动派更加疯狂起来，恨不得把留在百色土地上的革命种子一夜铲除。黄绍谦成了敌人的"眼中钉"。国民党反动派给他写来诱降信。软的不行来硬的，围山堵洞，鸟兽不宁。

在这艰苦的岁月里，黄绍谦把怀里的诗捧在手上，向战士们诵读。全体留守战士士气大振，敌人动不了黄绍谦和同志们半根毫毛。久而久之，革命战士和群众出于对邓小平同志言传身教的敬佩，以及对黄绍谦的良好祝愿，就都誊写这首诗作为"护身符"。后来，一传十，十传百，越传越神。就连那残暴的敌人，也信以为真，好不害怕。

1930年夏，邓小平率红七军从黔桂边境回师右江，百色地区里应外合，捷报频传，百色、奉议、思隆又重新收回红军手里。

1936年，敌人以重赏收买叛徒，把黄绍谦杀害了。黄绍谦身中三枪，在生命最后一刻还疾呼"冲呀"扑向敌人，吓得敌人鬼哭狼嚎。黄绍谦倒在地上，敌人在他身上搜来搜去，只搜到了那张诗页，烈士的血已把它染得鲜红，邓小平刚劲的笔迹在鲜血中像钢刀利剑，看得敌人胆战心惊。

"人生到处有青山……"蓦然，仿佛黄绍谦重又站了起来，化作一座青山屹立！

24 | 调查见英明

　　邓小平在瑞金与金维映结婚成家。邓小平担任瑞金县委书记，金维映担任了于都县委书记。邓小平任瑞金县委书记职务纯属偶然，也可以说是在瑞金"肃反"工作处于危难关头的临时安排，但这一"临时"就是 10 个月。10 个月里瑞金工作形势喜人，中共江西省委书记李富春将他调任中共会昌临时县委书记，后任会昌、寻乌、安远三县中心县委书记。

　　毛泽东在寻乌县开展社会调查的故事，邓小平多次听人说过。他对毛泽东提出的"没有调查，就没有发言权"的话语更是赞赏不已。他非常钦佩毛泽东深入实际的工作作风，严格要求自己以毛泽东为榜样，中心县委工作照着毛泽东的样子做、踏着毛泽东的足迹走。

　　中心县委成立不久，邓小平从筠门岭出发，步行 100 多里去寻乌检查工作，学毛泽东的寻乌调查，走村串户，掌握第一手社情材料。

1933 年初春的一个晚上，邓小平正在会场主持会议，一个大家叫他"朱胖子"的苏维埃干部神态异样地走向主席台向邓小平大声报告：

"筠门岭区苏维埃政府主席朱秀岐暗中通敌，头天深夜与外地潜回的国民党自卫队队长朱培初接头，还在镇上的'吴发记'酒楼喝酒，密商反叛！"

在座的干部都听到了，会场顿时炸开了锅，有的还恨得咬牙切齿地要求：

"快将他抓起来！"

"立即将反叛分子抓来严惩！"

邓小平听后，眉头紧锁。他知道朱秀岐平日立场坚定，工作积极又踏实；而朱胖子虽为苏维埃干部，但为人狡诈，工作马虎。他仔细思忖，觉得此事蹊跷，便决定派人先去调查情况再说。

然而，被派往调查的人尚未动身，区特派员又匆匆赶来报告："朱秀岐带枪逃跑，已派人把他抓了回来！"

铁证如山。会场又一阵骚动。

邓小平向大家摆摆手："大家莫急，心急可吃不成热豆腐。等调查清楚再处理吧。"

第二天一大早，邓小平赶到朱秀岐家住的芙蓉寨。有群众对邓小平说："朱秀岐前些年因与朱培初争屋基，早结下怨仇，现在会一起喝酒吗？"

听到群众这句话，邓小平点点头。他立即召开区苏维埃干部会议，当场盘问朱秀岐：

"朱秀岐，你为何叛变通敌？"

"没有这回事。这实在是冤枉、冤枉！"朱秀岐连连喊冤。

"那你为什么要逃跑呢？"

"我不是逃跑。当时是朱胖子报告说朱培初溜回来了，去了鸭公村。我一听，马上就带了驳壳枪，想把朱培初抓回来。可是，追到鸭公村，连朱培初的影子也不见。这时，保卫局的人追来，不问青红皂白就下了我的枪，把我关了起来。"

邓小平马上命令人把朱胖子找来。可是，朱胖子连人影都不见了。人们很快得知：朱胖子与朱培初早就一起逃走了。

经查实，这个朱胖子是国民党派来的奸细。头天晚上与国民党自卫队长喝酒的不是别人，正是他自己。他与朱培初密谋定下"借刀杀人"计，要除掉朱秀岐。谁知他们的阴谋被邓小平的调查给一步一步揭穿。

朱秀岐十分感激地说："不是邓书记英明，我可能含冤九泉了！"

25 | 一根红棕绳

"呸，没有骨气的东西！走，把他们捆回来教训教训！"

1933年的春耕时节，邓小平检查工作刚回县委，听到里屋气势汹汹骂人的声音。

话音未落，从里面闯出一位人高马大的汉子，手里攥着几根棕绳，后面还跟出来几个战士。

拿棕绳的人邓小平认出来，是某区的一位姓邹的苏维埃主席。

邓小平赶紧拦住他："老邹，急急火火的干啥子去？"

老邹虽然见是邓书记回来了，但怒气仍一时难以平息，气愤地说："太不像话了！他们居然敢私自离队，回家去种地。"

这时的会昌、寻乌、安远三个县刚解放不久，乡亲们新分得了田地，在自己的土地上耕作，农民都成了土地的主人，别提心里有多高兴，三县农民的脸上整日洋溢着过节的笑容。邓小平这位三县中心县委书记自然也高兴不已，扩红、打土匪、抓生产，还要做思想工作，每天忙个不停，只恨自己分身乏术。他听了老邹的一句气话，心里也就有数了。

邓小平接过来老邹手里的新棕绳，心平气和地说："捆不得呀，老邹！他们擅自离队不对，但是，我们的工作也有问题，也包括了我的工作。"他停了一下，见老邹平息了些，又说，"我们为什么没有发现，没有解决他们家里的困难呢？战士的切身问题解决不了，他们怎么能打仗呢？这些，只靠一根绳子解决不了问题啊！"

一席话说得老邹低下了头。邓小平也不进县委门了，碰一下老邹说："走，咱们一起去看看战士的家！"

到了战士家，离队战士小关见邓书记都来了，十分紧张，连话都说不出来了。邓小平一进屋看见床上躺着一位老母亲，心里全明白了。他赶紧走到重病卧床的母亲身边，从衣袋里掏出几块光洋，递给跟过来的小关："快去请医生来看病。"

小关不敢相信自己的眼睛，这会是真的？他以为是来抓自己的，不敢接。

邓小平催他："快啊！救人要紧。"

小关还是不去接，眼眶里滚动着泪珠，低头说："邓书记，我错了！"

邓小平把光洋塞给他手里，不再说什么，一行人又去了另一位离队战士小赖家。小赖的妻子见县委书记带着一队人来了，吓得不敢上前来。

"莫怕，大嫂。我们是来走访的，看你们家有什么困难，我们好帮助解决。"邓小平和气地说。

赖大嫂见邓小平和气可亲，才说明："没有别的困难，家里就是缺劳力，分了田，没人去种，一场空欢喜。季节到了，我才叫小赖回来一阵，真是没办法。"

大家听她这么一说，都表示了同情，邓小平爽快地对她说："你放心吧！明天我们就派人帮你家种田。以后家里有什么难事尽管找我们。"

就这么一家又一家走来，邓小平直到夜深人静才回到县委。肚子里造反了他才记起还没吃晚饭。

当天晚上，离队战士都回到了部队。第二天，邓小平开会批评了这些战士，大家都心服口服。

后来，邓小平从这件事得到启发。他指导成立县、区、乡的春耕生产委员会，各村组织生产突击队，动员儿童团帮助军烈属，做好优抚工作，让战士们无后顾之忧。

老邹对邓小平更是心服口服，他学习邓书记，改变工作方法，把优抚工作做到了家。他每当看到群众拥护党、拥护红军的热情高涨，乡亲积极支持自己工作，内心的温暖无须言表，但一看着墙角那根棕绳，他就羞愧脸红……

后来，老邹干脆把红棕绳挂在一个显眼的地方，有事无事看一看，想想邓书记，心中更加充满工作的动力。

26 | "邓毛谢古"事件

1933 年 1 月，由于国民党的白色恐怖和王明"左"倾冒险主义错误，使党的白区工作遭受严重破坏，中共临时中央政治局被迫由上海迁入中央革命根据地瑞金。从此，中共临时中央直接领导中央苏区的工作。

临时中央在中央革命根据地也全面推行王明"左"倾冒险主义的错误路线，反对以毛泽东为代表的正确主张，排挤和打击坚决执行毛泽东正确主张的同志。从 2 月开始，在福建开展反对所谓"罗明路线"的斗争，福建省委代理书记罗明等一批省委领导干部受到错误的批判斗争，并被撤销职务。省委其他部门及县区领导干部，绝大多数也因所谓"罗明路线"的牵连，被撤职、批判、调动工作。

"地主不分田，富农分坏田"，这是王明"左"倾错误领导者当时喊得最响亮的口号之一。毛泽东是反对这个政策的。他曾说过："到井冈山之后，我作了寻乌调查，弄清了富农与地主的问题，提出解决富农问题的办法，不仅要抽多补少，而且要抽肥补瘦，这样才能使富农、中农、贫农、雇农都生活下去。假若对地主一点土地也不分，叫他们去喝西北风，对富农也只给一些坏田，使他们半饥半饱，逼得富农造反，贫农、雇民一定陷于孤立。当时有人骂我是'富农路线'，我看在当时只有我这办法是正确的。"

毛泽东注重走群众路线。实践也证明毛泽东在井冈山革命根据地和苏区的土改政策是很成功的。邓小平早在广西左、右江革命根据地时期就学习毛泽东的工作经验，主政瑞金和会昌、寻乌、安远三县工作时也认定毛泽东制订的土改政策完全符合中国实际。因此，尽管王明"左"倾土地政策已经在苏区传达，邓小平却宣布必须维护原先的分田成果。对少数没有分田的地方，邓小平指示要发动贫苦农民迅速重新进行分配。他特别强调不能侵犯中农利益，也不要过分打击富农。这就让农民吃了定心丸。

农民拥护邓小平，可"左"倾领导者都不喜欢他。1932年3月苏维埃中央执行委员会（项英主持日常工作）检查了瑞金的工作，做出了一个决议，批评瑞金对王明"左"倾中央制定的《土地法》"执行不彻底"。

因此，3月份，江西开展了反对以邓（小平）、毛（泽覃）、谢（唯俊）、古（柏）为代表的所谓"江西罗明路线"的斗争。

3月12日，中共江西省委根据苏区中央局的意见，向江西苏区全党公布了有关邓小平主政"会、寻、安"的指示文件。公布的目的，正如李维汉后来所写的：指责罗、邓、毛、谢、古等从实际出发，主张在红军弱小的情况下应向农村发展，不赞成向城市和主要交通要道发展；主张"诱敌深入"，然后集中力量各个歼灭，不赞成硬拼；主张中央红军、地方部队、群众武装都应发展，互相配合，不赞成用削弱地方武装和群众武装的办法来扩大红军；认为根据地的中心区和边界区应加以区别，不能采取同样的办法；主张健全根据地的革命群众团体，坚持正确的土地革命路线和政策；主张根据地的行政、扩大红军、地方武装等工作都由政府负责，不应由党代替政府工作。

本来，邓小平在会、寻、安三县中心县委各项工作都很有起色，群众拥护，热情高涨，可谓支撑了中央苏区工作之"南天一柱"。结果，这些正确主张和方针政策，被"左"倾领导者指责为：邓小平领导的会昌中心县委在敌人的大举进攻前"张皇失措""退却逃跑"，犯了"单纯防御的错误"，"是与罗明路线同一来源"的"机会主义"。

3月下旬，邓小平被调离三县中心县委，任江西省委宣传部长。

5月，邓小平被撤销江西省委宣传部长的职务，给予党内"最后严重警告"处分。

此后，临时中央对邓小平进行审查，邓小平也提出了书面报告申辩抗争。

不久，邓小平被派到乐安县属的南村区委当巡视员。到乐安不足

10 天，临时中央考虑乐安县南区村是边区，怕邓小平出问题，又令邓小平回宁都。

邓小平回宁都后，被指派到离宁都 7 里远的一个农村，每天同农民群众一起参加生产劳动。

这时，担任胜利县委书记的邓小平妻子金维映，也在"左"倾领导人的逼迫下与邓小平办了离婚。

29 岁的邓小平落入政治生涯第一个低谷。

27 | 闪闪的"红星"

邓小平正在宁都田间劳动，盛夏的骄阳也想透过草帽的缝隙来探望那张汗流满面的圆脸庞，是微笑还是忧伤，是饱满还是瘦削……

苏区干部和群众，知情者都在关注着邓书记的处境。劳动中，邓小平突然接到通知，要他收拾行装赶回瑞金。

在李富春、王稼祥、贺昌等人的支持下，组织上调邓小平担任红军总政治部秘书长。这对落难的邓小平，无疑是个喜讯。

邓小平受批判斗争、撤职劳动时不动摇自己对共产主义的坚定信念，处境好转后也没有因此而欣喜若狂。他只是从内心感激同志们的理解和信任。他想得更多的是，如何珍惜这来之不易的转机，要为党和红军及苏维埃事业做更多的工作。

红军总政治部秘书长这个岗位，当时需要做的事情不是很多。邓小平请求去办《红星》报，王稼祥和贺昌同意了他的请求，派他担任《红星》报主编。

《红星》报是红军总政治部的机关报。它是 1931 年 12 月 11 日由中革军委总政治部（1932 年 1 月改称"红军总政治部"）创办的。

出版红军报纸，指导红军建设和苏区革命斗争，是红军政治机关的优良传统。早在 1930 年 7 月 28 日红三军团第一次攻占长沙后，红三军团总政治部即创刊了大型的《红星日报》。红一方面军总政治部，也于 1930 年 12 月创办了 3 日刊《红星报》。中革军委在宁都成立后，也先后创办了两种红军报刊。红军总政治部继承了这个优良传统，成立后很快创办了《红星》报。

邓小平早在法国勤工俭学时，就同周恩来一起办起了《少年》和《赤光》两种刊物，并有"油印博士"之称。在瑞金当县委书记时，邓小平又领导创办过《瑞金红旗》报。因此，他对办报并不陌生，对办好《红星》报更是充满信心。

《红星》报创刊时，中革委赋予它光荣的历史使命："加强红军里的一切政治工作（党的、战斗员群众的、地方工农的），提高红军的政治水平线和文化水平线，实现中国共产党苏区代表大会的决议，完成使红军成为铁军的任务。"

邓小平为了实现办刊使命，对《红星》报注意从政治、思想、军事、文化、娱乐等方面，加强对红军建设进行宣传指导。

他将《红星》报办成了"党的工作指导员""一架大无线电台"，还让《红星》报成了"一面大镜子"和"红军俱乐部"，做到尽快让军事斗争和红军建设的重大战略部署、决策、方针、政策得到及时宣传；通过"最后电讯""捷报""前线通讯""革命战争"等栏目，迅速及时地报道红军的战斗情况和胜利消息；设立"党的生活""支部通讯"等专栏和专题报道，从各个侧面反映红军党的建设、青年工作、政治工作、群众工作、教育训练、文化生活等方面的情况；开辟"铁锤""自我批评"等栏目，揭露红军中存在的官僚主义、消极怠工、贪污浪费、贪生怕死等不良现象，敢于碰硬，既批评普通干部战士，又敢于批评高级领导干部，变消极因素为积极因素；还有"军事测验""军事常识""卫生常识""猜谜""问题征答""小玩艺""诗歌""列宁室工作"等专栏，让红军指战员获得了更多军事、文化和生活知识，使部队文化生活生动活泼。

《红星》报第 47 期"小玩艺"专栏刊登如下 4 首歌词：

莫走反

莫走反，莫走反！

你跑前面白匪站。

不如转身打敌人，

涌入红军更大胆，

千千万万上战场，

五次胜利能圆满！

快打火

快打火，快打火！

白匪来了不要躲！

梭镖土炮好武器，

游击战争更稳妥，

战争形势万万急，

我不杀敌敌杀我！

为自由

由老公，由老婆，

打破封建旧绳索，

心肝妹，心肝哥，

战争胜利欢娱多！

快莳田

快莳田，快莳田，

夏耕夏种切莫延，

老幼妇女都记着，

优待红军摆在前，

壮丁齐到红军去，

前方胜利后方收割两相连！

邓小平为《红星》精心设计了 44 个栏目，版面生动活泼，让《红星报》办出了自己的特色，并具很强的思想性、专业性和战斗性。

说起《红星》报编辑部，实际上只有一位通讯员做邓小平的帮手。报纸每 5 天一期。每期近万字，数十篇文章，从征稿、写稿、编审、版面设计甚至校对，几乎他一人包干。编辑部到印刷厂相距 4 里，他不停地往返其间，每天在菜油灯下熬到深夜……

邓小平在《红星》报上亲笔写了一则征稿启事："本报欢迎各同志投稿，500 字以下的稿件，经本报刊载后，酌寄本报一份，或中央出版部出版的书籍一本，500 字以上的，每 500 字酌寄现金一角……"

战事紧张，办报人员少，邓小平也并不显得很吃力。此外，他后来建立了一支 500 多人的通讯员队伍，有红军的各级领导干部，也有连队基层干部战士。罗荣桓、袁国平、彭加伦、罗瑞卿、萧华、张爱萍等成为经常投稿的通讯员。毛泽东、朱德、周恩来、贺昌、博古等也为他主编的《红星》报写过不少社论。

这时的《红星》报，每期发行量仅中央苏区就达 17300 份，在苏区数十种报刊中名列第三。

红军第五次反"围剿"斗争失败的消息，已在第 66 期前就有报道，前线令人心焦的消息不断传来，瑞金也隐约可听到四面隆隆的炮声。指战员们正怀揣《红星》与敌人肉搏奋战，邓小平也已预感到，博古、李德的瞎指挥将会导致中央苏区的灭顶之灾，但是自己的处境和《红星》报，都无法阻挡红军厄运的降临。1934 年 9 月下旬的一天，邓小平正在窗前编辑《红星》第 67 期。他突然接到紧急通知：《红星》停止出刊，收拾行装，准备战略转移。

10 月 10 日黄昏，《红星》报编辑部工作人员两根扁担挑着四个铁皮箱子，邓小平和编辑部随突围转移的军委"红星"纵队，从瑞金云石山田心村出发，踏上漫漫征途……每到宿营地，铁箱子就是办公桌，编辑部经常在国民党的飞机轰炸中，借炮火照明，支起摊子，坚持编稿、油印，有的急稿是边走、边写、边排版。那台钟灵牌油印机，因为太沉重，在湖南时只好扔掉，另买了一台手滚油印机，行军队伍一歇脚就可拿出来印，见缝插针，《红星》报冲破敌人一道道封锁线，发行到宿营地、传递到长征队列里……

黎平会议之后，邓小平由《红星》报主编调任中共中央秘书长，《红星》报主编转由陆定一同志担任。

离开了编辑部，邓小平作为秘书长又为遵义会议的召开做准备工作，他亲自参加会议，并负责会议记录。会后又赶紧与陆定一同志联系，为《红星》报提供会议第一手新闻材料。

红一、四方面军在两河口会师后，为加强前线领导力量，中央又调邓小平担任红一军团宣传部长。他又与《红星》报紧密联系，除了组织"战士剧社"在途中为红军指战员演出、演讲和刷写标语之外，还在全军团为《红星》报组稿、发行，冲锋在前……

《红星》报正像每个红军指战员头上的那颗鲜红的五角星一样，一直在军营里、宿营地、行军队列中、纷飞炮火下，闪闪发光！

28 | 向毛泽东约稿

办好一张《红星》报，对少年时在法国就有了"油印博士"之誉的邓小平来说肯定不是大问题。尤其是此前他还当过中共中央秘书长，当过红七军、红八军总政委，当过江西省委宣传部长。但他之所以能从田间地头调回来办报还是军委总政治部主任王稼祥多次给临时中央负责人打电话，说让邓小平这样的人才去锄地，是埋没人才，是一大浪费，他对临时中央负责人说：

"我上次提议邓小平到总政当秘书长，你们研究决定了吗？我在等他来工作呢！现在总政非常缺人，你如果不同意，那你就自己来当总政主任，我不干了。"王稼祥这样说才让临时中央的负责人同意了邓小平到总政工作。

邓小平当时是被作为反动路线毛派头子而撤职的，当时毛泽东只管中央苏维埃政府的工作，实际上毛泽东在临时中央和中央军委也已被排斥在决策层之外，是靠边站的人了。

可毛泽东在邓小平心目中，一直还是个了不起的人物。他是中国共产党的创始人之一，他领导的秋收起义胜利了，建立了井冈山第一个中国农村革命根据地，他领导粉碎了蒋介石对瑞金中央红色政权的三次"围剿"，他的战略战术使敌人一败涂地。

瑞金的仲夏，傍晚时依然暑气逼人。邓小平捧着已印出的《红星》，又揣摸着下期的稿件，他想去向毛泽东约稿，但又顾虑临时中央和军委负责人会怎样看自己？会不会认为邓小平老调重弹、旧戏重演，"毛派头子"又在向着毛泽东了，用在报纸上发文章的方式请毛泽东出面说话了。

不去向毛泽东约稿，这样的军事战略战术文章又还有谁能写呢？不行，个人前途事小，党和中央革命根据地和红军的前途事关重大！还只是向毛泽东约一篇稿，即使发表出来没让前线指挥借鉴，总可影响一些人，提醒一些人，无论作用多大，至少自己为总政办报尽心尽责了。原则大事，不容犹豫迟疑！

傍晚时分，邓小平手拿一张刚刚印出来的《红星》报，沿着田埂边走边想，到红井村去，到毛泽东的住地去。

毛泽东见邓小平来，心里有说不出的高兴。更令他高兴的是邓小平的勇气和胆量。因为他知道自己连累了他，让他受处分了。

"你来了！"毛泽东赶紧让了座，认真地审视了邓小平一眼，心里既沉重又兴奋地问："小平同志，好久没有见面了，你现在干么子了嘛？"

邓小平回答道："毛主席，我已经来总政当秘书长了，却领了宣传部编《红星》报的差事。总政秘书长也没有多事，编编报纸，每天可有做不完的事。"

"好！人不闲就好。"毛泽东高兴地打断了邓小平的话，"那你一定是找我约稿的，是不是？"

"是的。主席猜得准！我想约你写一篇红军作战的文章，因为现在太需要这样的文章来指导作战。"

毛泽东本有太多想要说的话，但心中的顾虑彼此又都很明白。他沉思片刻说："井冈山的几次主要战斗，已用红四军前敌委员会的名义向中央做了报告，这几次反'围剿'，全军指战员都熟悉。不过，1930年打吉安倒可以说说，这是一次成功的攻城。"

邓小平没想到毛泽东会如此痛快接受。他很是高兴："那太好了，打吉安是攻城战例，对现在的红军攻城战斗有指导作用。我什么时候来拿稿子呀？"

"哈，看你倒很急。放心，我也不慢。"

1933年8月14日，邓小平在《红星》报第四版"红军故事"的专栏上，用整整一个版面的篇幅发表了毛泽东署名"子任"的文章《吉安的占领》。文章读来语调非常轻松，把红一方面军打吉安的战斗过程像讲故事一样娓娓道来。文章结尾还分析了经验教训，对集中兵力、充分准备、兵力配置等都提出了自己的看法。

这期报纸发到部队后，指战员纷纷抢着看，识字的念给不识字的听，有的指挥员读后还把这份报刊像宝贝一样收藏了起来。指战员们都说，毛泽东的军事思想，那才叫高明呢！

在"左"倾路线占据中央主导地位的当时，博古、李德无视毛泽东的战术思想，第五次反"围剿"中节节败退，战士们的鲜血染红了邓小平精心编辑的《红星》报……

29 │ 遵义街头的笑声

1935 年 1 月 7 日，红军攻占了遵义城。

中央红军已转战好几个月，一路长征，浴血湘江、过通道、到黎平、渡乌江，冲破敌人道道封锁线，好不容易才在遵义迎来第一次大的胜利。

《红星》报主编已由陆定一担任，这时的邓小平正式回到军委秘书长岗位。邓小平见遵义街头红红绿绿到处贴满了标语，他同大家一样，憋了几个月的坏心情豁然开朗，突然想到要放松一下。

一大早，邓小平就来到地方工作部门门口，大声招呼："刘英，上街走走！逛街哟！街上好热闹，看稀奇去。"

刘英是当时党中央领导人张闻天的夫人，身材也矮小，却十分活跃。她听到邓小平的招呼，马上领一帮青年男女跟了上来。

他们走过杨柳街小巷，来到十字街，一路谈笑风生，好像忘掉了几个月的奔波劳累和艰难险阻。

路过一家小酒店，一股诱人的山胡椒香味扑面而来，让他们放慢脚步，深深吸了口气。

邓小平对刘英说："我看这里馆子的菜，和四川的做法差不多，那香味就像川菜。"

刘英故意打趣道："你们四川有什么，只有醪糟。"

邓小平有点不服气了，摸摸口袋，无奈却一本正经地说："可惜没钱，要不请你们打打牙祭，听我将川菜一一道来。"

"又来你的精神会餐了。快走，不然口水流出来了！"刘英笑着说。

大家都笑了。这时，通讯员跑来了，请邓小平马上回去，毛泽东找他有要紧事商议。

几天以后，遵义会议召开了。

邓小平作为中央秘书长参加会议作记录。

这次会议，结束了王明"左"倾机会主义路线在党中央的统治，确立了毛泽东在全党全军的领导地位。

遵义街头的笑声和那扑鼻的香味，愈发诱人。邓小平想，更大的胜利在望，等有了新的根据地，总要还刘英他们笑他的"精神会餐"。

30 | "牛皮公司"

长征刚开始，邓小平作为宣传工作领导，总是绞尽脑汁，想着怎么给大家渺茫、失望的心情注入些"兴奋剂"。一路上连平常聊天、开玩笑都想到了自己的职责。

到了雪山草地，精神胜利就显得更为重要了。面前无须枪炮同敌人说话，只有无声的大自然"敌人"，没吃的，前路又无限远，眼看战友们一个又一个倒在了途中，人没力气，也只好苦中作乐笑笑，这时的精神还真可当粮食。于是，邓小平同战友们开玩笑，成立了一个"牛皮公司"，陈云是总经理，邓小平是副总经理。

一路上，邓小平常常大讲四川的回锅肉、辣子鸡丁、麻婆豆腐，尤其过去在法国他是经营豆腐的老板，从豆腐的制作到买卖、品尝，讲得一套一套的，让人直吞口水，喉结扯笋一般响，疲劳自然消除不少，就又赶紧往前走……

来到夹金山脚下，邓小平这个级别本配有一匹马，可马累死了，他只好一步步爬，也边走边同战友们"吹牛皮"，对那些前面已坐在雪山上爬不起来的战友，"牛皮公司"已没用了，即使讲得再开心、好笑，他们也是面无表情，他只好把故事伤心地咽进了"牛皮公司"的肚子里。

好不容易翻过了夹金山，到达四川西面的懋功。在这里红一方面军和四方面军会师了，欢乐的人群中，邓小平看到了同学傅钟。

傅钟与邓小平是法国同学，一起办过《赤光》杂志，又一同被法国军警搜捕脱身，后来又一起到苏联上东方大学，也是一对生死与共的战友。傅钟在红四方面军当政治部主任，四方面军刚从川陕根据地出来，身上还有些物资。他看见邓小平连马也没了，便慷慨解囊，送他一匹马、一件狐皮大衣、一包牛肉干。

前面要过草地了，这比过雪山还要难。这时的邓小平，又被调到红一军团当政治部的宣传部长，"牛皮公司"更应充分发挥其优势了。

粮食是过草地的第一大难关。地上野草无边，脚下面是黑水深渊，没有村庄，没有人烟。部队要求筹粮，每人每天要向部队管粮的同志交5个馒头，必须筹够10天的口粮，才能上路。

一天，邓小平筹粮回来，发现杨尚昆的夫人李伯钊在生闷气。他连忙过去打听，原来是要她把捡到上游漂下的麦粒制作的馒头也上交了。

邓小平向她掏出自己今天筹来的5个馒头，这是准备交公的。他又从另一口袋里搜出唯一一只馒头，对李伯钊说："你饿了吧，这一个给你。"

李伯钊推开他的手："我不要，你留着自己吃吧！"

邓小平急忙说："这是我送给你的，不要你还。"

李伯钊这位很有文才的女性，明白这时一个馒头的分量有多么重，她接过了馒头，眼泪一串串流下来……

红军战士吃草根，吃树皮，吃皮带，吃禽兽残留地上尚未完全消化的麦粒，战士死于疾病，死于野草中毒，死于陷下沼泽……

历经二万五千里的严峻考验，中央红军的 8 万多人总算还有 7000 多人到达了陕北革命根据地。邓小平也取得了这次人类向社会和大自然极限挑战的胜利，他更坚强了，更成熟了！

31 | 诲人不倦

邓小平于 1934 年在瑞金中央苏区主编《红星》报时，就把"彻底粉碎五次'围剿'，全部出动与日本帝国主义直接作战"的口号，醒目地排成头版头条的通版横幅。1935 年 10 月，中央红军终于奇迹般突破国民党围追堵截，从雪山草地到达陕北，1936 年 10 月又实现红军长征胜利大会师。红军离抗日战场越来越近，保卫华北、拯救中华民族、拯救父老乡亲！

1937 年 1 月，邓小平担任红一军团政治部主任，主管红一军团的政训工作，为奔赴抗日战场做准备。共产党一再呼吁全国建立抗日民族统一战线，加上华北、华东局势日趋紧张，民族存亡危在旦夕，蒋介石不得不同意国共第二次合作。8 月，中国工农红军第一、二、四方面军和陕北红军改编为国民革命军第八路军。邓小平担任了八路军总政治部副主任。

从建立左、右江革命根据地的政委到政治部主任，邓小平一直在军中鞍前马后做思想政治工作。来到抗日战场上，还有红军指战员叫邓小平这位政治部副主任"邓政委"。

抗战初期，山西阳城县县城。一天，王兴芳作为邓小平身边工作人员，同邓小平在街头快马加鞭，急着赶去延安参加一个重要会议。

华北百姓受尽日本强盗蹂躏，街上的群众见到了八路军战士，喜笑颜开，纷纷让路。为了让邓小平顺利赶路，王兴芳还要到马店给邓小平的战马挂马掌。

因时间紧，一路上又受到市民的欢迎，心情也高兴，王兴芳在街道上信马奔驰起来，稍不留心，"哗"的一声响，有什么东西被马掀倒在地。他也没在意，继续纵马奔驰。

当他给马挂好掌，迅速赶回邓小平身边时，邓小平严厉地命令他："王兴芳，下来！"

王兴芳见邓小平铁青着脸，还不知是怎么回事。

"你干的好事，骑马儿过街，撞倒了老百姓，知道吗？"邓小平两眼圆睁，恼怒难忍。

王兴芳大吃一惊。原来，离开邓政委之后，他一直在盯着前面看，在过弯道时奔马掀翻了一位老大娘也没有注意。有老百姓在议论着，邓小平也很快知道了，好在那老大娘的伤势并不重。王兴芳得知伤势不重，松了口气，可心里又憋着这样的想法：大娘无大碍，有啥了不起的，我这也是为快点完成任务，不耽搁首长您赴延安开会的时间呗，值得您大动肝火吗？王兴芳噘起嘴，不回答，也不申辩。

邓小平见他委屈又不服的样子，放缓了口气说："现在是团结抗战的时候，人们一心向往的是共产党，你是共产党领导的一名八路军战士，这样对待群众，影响多不好呀！我们来自人民，是人民的子弟兵，是人民的军队，老百姓就如同我们的亲父母。老百姓是水，我们是鱼，八路军离不开人民，正像鱼离不开水一样。"

邓小平拍拍王兴芳的肩膀，又拉住他的手说："小伙子，要爱护老百姓啊，老百姓是真正的主人，我们八路军是服务老百姓的队伍，我们决不能在人民面前抖威风，这个位置要摆正呢。如果我们不爱护人民，人民就不会拥护我们，我们也就会成为无源之水、无本之木的山间草寇。到了那一步，不要说打日本，恐怕自身都难保哇。若我们每个战士都这样，都认为是小事一桩，严重后果，你想过吗？……"

邓小平总是诲人不倦，一番又一番话点到要害，让王兴芳深深自责。他想到自己从小死了爹娘，是数不清的穷苦百姓把他拉扯大的。他想到红军是穷苦百姓的队伍，他在川陕苏区打仗负伤，是老阿妈一口奶水一口鸡汤把他救活的。他想起了长征路上，过草地时陷进了泥坑，好心的藏族老阿爸为救他却把自己陷进去了，阿爸为他献出了生命！他真是老百姓用命换出来的啊，红军也是无数老百姓用命换出来的啊！……王兴芳流泪了，忍不住抽泣，痛心地反问自己：你怎么全忘了？王兴芳，你是孤儿呀，马掀翻的不正是养伤喂你奶水的老阿妈吗？

王兴芳恳切请求说："邓政委，我错了，您处分我吧！"

"不。你应当到当地公安部门去，由他们处理。还应该给群众赔礼道歉。我这有几块钱，你也带上，给老大娘做医药费。"说着，邓小平从口袋里掏出钱来，催他，"快去给大娘治伤！"

可这是他去延安的路费呀，全部拿给别人，自己如何赶路？王兴芳不肯接钱，邓小平拉过王兴芳的手，硬塞进他手心里，转身跨上战马走了。

"快去吧——你别管我——"远远地，还传来邓小平牵挂大娘又牵挂警卫员的招呼声……

32 | 换　房

一次，警卫班在一个农家院子里为邓小平安排好了住房。邓小平住西屋，警卫班住东屋。

晚上住下时，邓小平首先来到东屋看望战士们。他对班长王化民说："让全班战士都洗洗脚，不洗脚休息不好。"他边说边打量了一番住房。

正在战士们洗了脚准备睡觉时，邓小平又过来了，进门就说："你们过来五六个人和我一块儿去住。"

大家都怕影响邓政委休息，谁也不愿过去。

邓小平见没人肯去，他只好用命令的口吻说："没人过去，那你们马上把我屋里的床抬到这屋里来，咱们换房子，你们都到我那屋子去睡。"

因为西屋干燥、通风，房子也大，原是房东住的。东屋是房东放杂物的地方，房子小，又潮湿、阴暗。

"这可不行。首长该住好一点的房子，那里光线好。"王化民急忙解释。

邓小平摇手说："不行，你们这么多人挤在这间小屋里，休息不好。明天要行军打仗。我一个人住那么大房子干什么？"

王化民只好又解释："这房子潮湿，您不能住啊！"

"你们住得，我也住得。别再啰唆了，快行动吧！"邓小平不容战士们再说了。

战士们知道政委的脾气，说定了的事，只能照办。于是，躺下了的战士只好穿衣穿鞋，把行装、床铺换到了大房。

战士们住上了大房子，宽松多了，心里有说不出的温暖。但不免又牵挂邓政委东房那边的潮湿……

33 | 风　波

一二九师刚刚结束一场战斗，把日本鬼子的一个驻点给端掉了。天黑了，战士们都累了，在一个小山村驻扎了下来，拍打一下身上的尘土，都早早钻进了被窝。

邓小平睡前照例来看看警卫班的战士，为战士掖实被子，抚摸挂在墙上被弹片划破了的军帽。正在他要退出房间时，脚下踩着了一根硬硬的东西。

"哪来的鸡骨头？有乡亲们来过？"邓小平问。

王化民愁眉苦脸，怨大家没清理干净，让政委操心了。他只好回答："您还没到。附近有老乡来慰问了。"

邓小平喜忧参半："吃了鸡，你们给钱了吗？"

王化民低着头吞吞吐吐说："给……给了点。"

邓小平看一眼王化民的脸色，追问："你们哪来的钱？"

这一追问，王化民慌了，只好从实道明。

原来，部队进村后，老乡们就送来了一些慰问品。因为一二九师在这一带很有名气，深受群众欢迎，又打了胜仗，乡亲们情真意切来看望子弟兵。

战士们都不愿收大爷大娘在家里已做好的鸡，一再解释八路军有纪律，这可让大爷大娘急得眼泪都快流下来了："孩子们，你们为我们打鬼子，愿献出自己生命，我们杀只鸡慰劳，哪有不好接受的？打了胜仗，这时，你们的父母也会慰劳你们呀！吃呀，看得起我把我当做父母，让我看着你们把鸡吃完呀！明天好打鬼子！"

战士们也好感动，有的人也两眼泪花，好像不吃了这鸡，不把大爷大娘当父母，还真对不住呢。于是，战士们就把鸡当晚饭吃了，看着大爷大娘端着空盆高兴地离去。

王化民照实说："钱也没有给。"

邓小平听了事情的经过，看战士们内疚的神色，没有批评大家。他郑重地说："老乡养只鸡不容易。自己舍不得吃，送给我们吃，把我们战士当自己孩子疼，我们太感谢了。但我们人民子弟兵是一支有严格纪律的队伍，不能违反群众纪律，不能白吃群众的东西。乡亲有情，我们有义。"

邓小平从口袋里掏出一块光洋，交给王化民说："快把鸡钱送给老乡吧。"

看着大伙都难为情，邓小平又说："要是老乡不收，就说因为有纪律，不收钱，部队首长会处罚你们，好好说清楚，老乡是会理解的。"

　　这一夜，警卫班的战士们难以入眠。

34 | 夺建军第一大战果

1945 年 8 月 15 日，对中国人民来说，是一个难忘的日子。经历 8 年的抗日战争，终于取得了最后的胜利。

8 月 15 日中午，日本天皇裕仁以广播"停战诏书"的形式宣布无条件投降。

中国人民欢庆胜利，但是和平并没有到来。

蒋介石又挑起了内战。盘踞在晋西南的国民党第二战区司令长官阎锡山充当了急先锋。

8 月中旬，阎部主力在日本侵略军的接应下进占太原及其附近地区。8 月 16 日，阎锡山按蒋介石密令，命令其 4 个步兵师及一个挺进队侵入晋冀鲁豫解放军腹地上党地区，下旬又占领了我军从日伪手中解放的两个地区和被我地方武装包围的 4 个地区。

上党，是山西省东南部以长治为中心的地区，它东控太行，西据太岳，自古就是军事要地。从整个战局看，当时蒋介石正从其大后方西南、西北调动大军向华北、华中、华南各解放区陆续开进。阎的这一步是蒋企图实现"抢占华北、争夺东北"战略部署的一个重要组成部分。从局部看，阎是企图一刀子插入我太行、太岳两根据地之间，分割根据地，占领晋东南，然后把晋冀鲁豫军区主力逼到山区予以消灭，恢复其在山西的反动统治。

蒋介石在积极准备内战的同时，又在一个月内三次电邀中共中央主席毛泽东赴重庆谈判，企图让中国共产党交出军队和解放区政权，达到消灭革命力量的目的。美国政府也改变了不赞成中国发生内战的态度。

正在这时，国内战争却已在晋冀鲁豫解放区的门口打响了。蒋介石在"请客"的同时又企图用战火阻止毛泽东谈判的脚步，逼共产党拒绝"和谈"从而让全国人民把矛头指向共产党。

毛泽东看穿了蒋介石的险恶用心，他从国家和平的愿望出发，以大无畏的革命家气度，置个人安危于不顾，决定亲自飞赴重庆，参加国共谈判。

蒋介石已点燃战火，上党为国民党进攻的重中之重。军情紧急，中央军委和毛泽东就如何消灭侵入上党的阎锡山部作了部署。在阎部入侵上党的第4天，中共中央决定统一太行、太岳、冀南、冀鲁豫解放区的领导，组成由邓小平任书记、薄一波任副书记的中共中央晋冀鲁豫中央局，成立以刘伯承为司令、邓小平为政委的晋冀鲁豫军区。

8月26日，中央军委指示，集中太行、太岳军区主力首先歼灭阎锡山进入长治的部队，收复上党地区，消灭心腹之患。

邓小平在战前动员指出：根本问题是抗战胜利果实落到谁手里的问题，蒋介石、阎锡山伸手来抢，决不能让他们抢走。毛主席在赴重庆前说过"只要你们打得好，我才能谈得好"。我们上党战役打得越好，歼灭敌人越彻底，毛主席就越安全，毛主席在谈判桌上就越有力量。我们不要辜负党中央和毛主席期望。邓小平还向参战将士发出了"打好上党战役，支援毛泽东主席赴重庆谈判"的号召。

9月7日，军区下达发起上党战役命令，10日战役打响。这是抗日战争胜利后，晋冀鲁豫军区部队对国民党军队进行的第一个大战役，也是军区部队由分散的游击战向集中的运动战转变的第一个大战役。我军9天连克5城，歼敌7000人，长治孤立。历时30天上党战役告捷：共歼敌11个师及1个挺进纵队，共3.5万人，敌人近万官兵当了俘虏。

蒋介石指望占领上党做谈判筹码，没想到阎部一败涂地。10月10日，他只好又恼又恨又无可奈何地在重庆谈判桌上乖乖地签订《双十协定》。

协定虽然签订了，但是，毛泽东认为："已经达成的协议，还只是纸上的东西。纸上的东西并不等于现实的东西。"他看透了蒋介石的心思，推测蒋介石会进一步扩大进攻解放区规模。他强调："不给敢于进攻解放区的反动派很大的打击，和平是不会来的。"

事态的发展和毛泽东预料的一样。蒋介石进攻华北、抢占华东的步子加快。

毛泽东在《关于重庆谈判》赞扬上党战役开启平汉战役讲话中说："……例如在山西的上党区。太行区、太岳区、中条山的中间，有一个脚盆，就是上党区。在那个脚盆里，有鱼有肉，阎锡山派了十三个师去抢。我们的方针是老早定了的，就是针锋相对，寸土必争。这一回，我们'对'了，'争'了，而且'对'得很好，'争'得很好。就是说，把他们的十三个师全部消灭。他们进攻的军队共计三万八千人，我们出动三万一千人。他们的三万八千被消灭了三万五千，逃掉二千，散掉一千。这样的仗，还要打下去。"

10月12日，毛泽东致电邓小平，准备集中主力歼击沿平汉北路北犯的敌人。

平汉战役一触即发。

平汉战役即邯郸战役。邯郸是华北战略要地，地处全国解放区中央。毛泽东说："即将到来的新的平汉战役，是为着反对国民党主要力量的进攻，为着争取和平局面的实现，这个战役的胜负关系全局，极为重大。"

接到中共中央命令后，10月16日，刘伯承、邓小平签署了平汉战役的作战命令。10月22日，战斗开始，刘邓采用"口袋战术"和打政治仗的方式，最终大获全胜，争取敌方高树勋军长于10月30日率军起义，对平汉战役胜利起了极其重要的作用。

陈赓评论平汉战役说:"日本投降以后,刘邓首长指挥上党战役歼敌 13 个师,取得我党建军以来战果最大的胜利,不到一个月,又在平汉路歼敌 3 个军,打破了他们自己创造的纪录。"

邓小平后来也说:"这两个都是歼灭战,打胜了以后,武器也多了,人也多了。""仗一打开,我们才开始真正形成一个野战军的格局。"

从此开始,"刘邓大军"威名震四方。

35 | 大敌当前

自从 1946 年 6 月国民党军向解放区大举进攻开始，几个月来，刘邓领导的晋冀鲁豫解放军，所向披靡，连战皆捷，胜利一个接着一个，战果一个比一个大。正因为这样，部队中开始滋长起一种骄傲情绪，有的指战员也开始不检点起来，个别部队的斗志有些松懈，群众纪律不太好，军民、官兵团结也发生了一些问题。

邓小平政委决定召开会议，时间定在中秋节那天，三纵队司令员陈锡联、六纵队司令员王近山和七纵队司令员杨勇，几乎同时收到了通知。

陈锡联想：几个月捷报频传，战果累累，到野战军司令部吃月饼去！到了会场他才感觉不对，气氛十分严肃。

纵队司令员进屋后刚坐下，邓政委便开门见山宣布会议宗旨：

"今天，开个'不握手会议'，不要刚打两个胜仗，就沾沾自喜，握手言欢，心满意足，你好我好，什么都好。要更多地想想自己的不足，几个月来做得怎么样？群众纪律怎么样？内外部的团结搞得好不好？部队的指挥、战斗作风都还存在哪些问题？现在发言吧！"

刘伯承司令员、李达参谋长和张际春副政委先后发言，指出方方面面的问题。

会议从上午开到中午，中饭后接着开，一直开到中午一两点，气氛还有没松弛一点。这个中秋节，自然也不见发月饼。

"报告：敌人五军和十一师已经逼近了！"这时，参谋员进会场报告了敌情。

发言继续，刘伯承和邓小平用眼神交换了意见。

"报告：敌人五军和十一师已经逼近！"参谋员又进来报告了。

邓小平却紧绷着脸，部队面前已逼近了拿枪的敌人，却还有骄傲、违纪的"敌人"呵！大家见他还没有散会的意思。

"敌人在逼近！"参谋员再来报告。

发言继续着，邓小平只宣布会间休息一下。

趁着会间休息，陈锡联找到杨勇到一旁交谈："人贵有自知之明。今天咱俩不作自我批评，恐怕就不会散会！"

"是啊！"杨勇司令员也十分敏感。

陈、杨都知道，六纵王近山司令员也在会场，他大小杨湖作战打得挺出色，会上已几次受表扬了。杨勇也明白陈锡联的意思，他对陈锡联说：

"等下我先检讨。"

回到会场，杨勇头一个发言，说："七纵军民、军政关系不好，仗也打得不好，所有这些，我全部负责，我回去好好进行整顿，提高斗志。"

陈锡联接着说："三纵所发生一切问题，全都由我来负责。"

发言到此，邓小平站起来宣布："会议就开到这里。散会！"

散会了，敌情紧急，大家都忘记了中秋节，带上会议的紧张气氛融入了各纵队会场，再次奔向对敌的烽火前线……

36 | 挺进大别山

1946 年 6 月中下旬，蒋介石加紧调兵遣将，部署全面内战，在东北、华北、华东、西北和中原，国民党重兵压境，全面内战的危机如箭在弦上。

丢掉和平幻想，准备严酷斗争。共产党认清了蒋介石反动本质，解放军抓紧政治训练和军事训练，为应付全面内战作准备。

根据中央军委指示，刘邓大军一出陇海、二出陇海，夜渡黄河，兵出鲁西南。

鲁西南战役尚未结束，1947 年 7 月 23 日中央指示：对羊山集、济宁两点之判断确有迅速攻歼把握，则攻歼之。否则，立即集中全军休整 10 天左右，除扫清过路小敌及民团外，不打陇海，不打新黄河以东，亦不打平汉路，下决心不要后方，以半个月行程，直出大别山，占领大别山为中心的数十县，肃清民团，发动群众，建立根据地，吸引敌人向我方进攻打运动战。中共还指示，进军大别山不能像北伐时期那样逐城逐地推进，而必须采取跃进的进攻样式。

7月29日，毛泽东又以个人名义向邓小平发秘密电报："现陕北情况甚为困难（已面告陈赓），如陈谢及刘邓不能在两个月内以自己有效行动调动胡军一部，协助陕北打开局面，致陕北不能支持，则两个月后胡军主力可能东调，你们困难亦将增加。"

刘、邓接到这封万分火急的绝密电报后，心情十分焦急，他们当即致电中央军委："直趋大别山，先与陈谢集团成掎角之势，准备无后方作战。"

邓小平在召集纵队主要首长会上，谈到了毛泽东对这一战略举措估计的三种前途：一是付出了代价站不住脚，转回来；二是付出了代价站不稳脚，在周围游击；三是付出了代价站稳了脚。邓小平要求大家从最困难方面着想，坚决勇敢地战胜一切困难，争取最好的前途。

会后，各纵队首长立即赶回部队召集会议，传达刘邓首长指示，准备在8月间大举进击。

这时正值连日暴雨，黄河水猛涨。尤其又传来蒋介石要炸黄河大堤以阻止人民解放军的进攻的消息。刘伯承和邓小平都心急如焚。

国民党作战厅判断刘、邓大军退回黄河北岸可能性大，或在鲁西南、黄泛区之间推磨打圈，谁也没料到他们要进大别山。因为部队这时进大别山是跳到枯井里去救人，是很危险的事情。可见，刘、邓大军将面临怎样的危险处境。

8月6日部队召开有关处、科干部紧急会议，设想了几个下一步行动方案。会开了半天还没结论，下午接着开。

刘伯承做出决断：大军南进，立即行动，行动越早越快越好！行军中坚定、沉着、勇敢、果断，以披荆斩棘的精神开路前进，像一把钢刀直插大别山！

刘伯承讲完后，邓小平马上站了起来，话语斩钉截铁：刘司令员的意见和部署非常正确，我完全同意。我们下决心不要后方，直捣蒋介石的心脏——大别山，逼近长江，威胁武汉三镇和蒋介石老巢——南京，把战线从黄河边向南推进到长江边……迫使蒋介石调兵回援，配合全国各个战场的兄弟部队，彻底粉碎蒋介石的"重点进攻"、彻底扭转全国战局，加速蒋家王朝的灭亡！

为更好地完成这一战略任务，强调了三点：

第一，一切工作服从战略进攻任务的要求，要教育干部和广大战士，这是一个极其光荣而艰巨的任务，是我军战斗史上的创举，要准备为实现这一伟大战略决策做出贡献，付出代价。要不怕疲劳，不怕困难，不怕牺牲，连续作战。第二，在我进军途中，敌人必然前堵后追，东西截击，我军在淮河以北主要是消灭敌人的地方武装，要力避与敌人主力纠缠和作战，千方百计直奔大别山腹地，走到大别山就是胜利。第三，要教育部队，进入新区作战，一定要严格地遵守党的政策，遵守"三大纪律，八项注意"。

这时军委连续来电：一方面要准备付出减员代价，但能起到影响全局的作用，付出值得；另一方面又关怀部队休整补充 10 天，后又告诉至少 7 天不动。

刘、邓又根据党中央和毛泽东的战略意图，特别是当前的敌情、水情，决定提前出动之决心不变，因地制宜，机断行事，按既定部署挥师南征。

中央复电："刘邓决心完全正确！""刘邓部署很好！""一切决策临时处理，不要请示。我们尽可能帮助你们！"

8 月 7 日，刘、邓大军 12 万人，兵分三路，以排山倒海之势，突破了敌人未及形成的包围圈，义无反顾地向大别山挺进！

10 天后，蒋介石仍未发现我军的战略意图，反而认为我军既不能北渡，又不能作战，只好向南"逃窜"。直到我军突破沙河后，蒋介石才如梦初醒。这时想要有计划有组织地大规模拦截封锁已为时太晚，只好仓促布防。美军顾问组对蒋介石的错误判断也深感失望。

8 月 23 日，刘、邓大军到达汝河时，前面敌人的火力阻击很猛，后面的追兵只有 30 里。

刘伯承命令：狭路相逢勇者胜，杀开一条血路！

邓小平命令：我们不惜一切代价和牺牲，坚决过去！

到了淮河，邓小平提出，刘司令指挥先行渡河，他负责率部阻击尾追之敌。

部队冒险渡过淮河，刚刚过河走出 5 里多地，大部追兵赶到淮河北岸，这时却突然河水暴涨，真可谓天助我人民解放军，数十万国民党军队只能望河兴叹。

"走到大别山就是胜利。"8 月 27 日，刘邓大军终于走到了大别山！

同一天，邓小平亲自起草了《关于创建巩固的大别山根据地》的指示。

无后方作战，北方战士到南方生活不习惯，20 天连续行军、作战部队已成疲惫之师，纪律松弛，群众未发动，政权未建立……一连串的困难袭来。邓小平召开会议，再鼓士气，大讲共产党的特点正是越困难，越有劲，越团结；大讲毛主席井冈山建军之初规定的"三大纪律，八项注意"。

10 月的大别山，气候转寒。刘、邓大军 12 万将士，还是穿着浸透了盛夏南征的汗渍单衣在山区转战。无后方作战，中央和毛泽东指示"人员、粮食、被服、弹药一切从敌军和新区取给"，部队一边打击敌人，一边解决布匹和棉花来源。战士们用树枝代替弹弓弹棉花，用稻草灰将布染成灰色，请当地老乡传授缝衣技术。在刘、邓的带动下，全军上下一齐动手做棉衣。

经过几个月的艰苦奋战，刘、邓大军实现了中央军委和毛泽东所指出的三个前途中最好的前途：站稳了脚跟。陈、谢兵团挺进豫陕鄂地区，陈、粟大军也进至豫皖苏地区。这样，三路大军互相策应，在黄河与长江之间的广大地区，形成了一个"品"字形的战略态势，这就牵制了国民党南线一半以上的兵力，使中原地区由国民党军队进攻解放区的重要后方，变成了人民解放军夺取全国胜利的前进基地。

中原战局变化迫使蒋介石改变战略，他纠合33个旅的兵力与我军争夺中原，重点直指大别山，由白崇禧亲自指挥，大规模围攻大别山。

这时，刘、邓却被围攻得很开心。邓小平分析说：这时的战略进攻与防御却倒过来了，我们的被包围正是在强势进攻。这并不是敌人强大，而是敌人垂死前的回光返照。我们跃进大别山的目的，正是要吸引更多的敌人向我进攻。敌人吸引来得越多，我们背负越重，对其他兄弟战略区进行大规模反攻就越有利。而各兄弟战略区的反攻和进攻，又正是对我坚持大别山斗争最有力的支持。

来吧，来得越多越好，向我包围！向我进攻！

当然，这种粉碎围攻的压力也是不小的。刘、邓根据中央指示，采取避战分兵的策略，牵制住敌人。总部机关带一部分部队分兵而行，跳出包围圈，转入外线。

邓小平对刘伯承说："我到底比你年轻。我留在大别山指挥，你到淮西去指挥全局。"

邓小平率部坚持在敌包围圈的中心地区做内线斗争，接受大别山反攻以来最大的考验。这也是刘邓大军挺进大别山以来最困难的时期。

由于刘、邓，陈、谢，陈、粟三路大军相互配合作战，我军把敌军南线的 160 多个旅中的 90 个旅牢牢地吸引在中原战场，并最终粉碎了国民党军队对大别山的围攻。

1948 年 1 月 15 日，邓小平致电毛泽东："现在看来，我们业已站住，不管情况如何严重，敌人是撵不走我们的。"

刘、邓大军扎在大别山，就像是在给蒋介石的心脏钉上了一枚钉子。

37 | 军纪无情

刘邓大军在大别山这块蒋介石身边的国统区站稳脚跟是个奇迹。无后方作战，12 万人的部队没有一件棉衣，指战员们那件千里急行军赶到大别山的汗渍单衣早已难抵寒风；尤其经国民党的反动宣传，很多老百姓都逃到山上丛林中躲了起来，部队失去老百姓就等于失去生活之源。

1947 年 10 月 13 日，刘邓率司政机关来到鄂东黄冈的总路嘴。总路嘴是个大集镇，街上的青石板路虽然已被部队打扫得干干净净，坑洼的地方也被战士们用石块填补得平平坦坦，但街上行人稀少，难见老百姓。

解放军绝不是来占领老百姓的家，而是来保卫老百姓的家的。邓小平向来关心群众工作，大别山的群众工作又显得比任何时候都重要。这天，快要吃中午饭了，邓小平政委还提出要上街转转，巡查一下部队纪律作风。保卫科长张之轩随之同行。

邓小平一行突然发现墙角处有两个担柴的壮年汉子，手指着不远的店铺在嘀咕什么。邓小平很想上前同他们聊几句，谁知没等挪几步，那两人便惊慌地挑起柴担一溜烟跑了。

邓小平心里怅然，他又转向刚才那两人指的方向看去，却一时惊傻了眼，只见一个军人用步枪挑着一卷花布和一捆粉条，腋下还夹着白纸什么的，拐出了店铺。

邓小平心中的火苗陡然腾起，他猛追几步可没追上，只好气喘吁吁地停下来，对张之轩说："你马上去调查一下，这是怎么回事，是哪个单位的？把情况立即告诉我！"说完便摇头叹息着回去了。

刘伯承、李达、张际春都已在邓小平的住房里等着。调查回来的张之轩见这阵势，心里一阵紧张。

"都搞清楚了吗？"邓小平先问。

张之轩点点头："是个副连长，见店铺主人不在，就拿了两匹布和一捆粉条。"

"什么，这叫拿？这叫抢！"邓小平气得甩掉了手中的半截香烟，瞪圆眼睛厉声道："我们事先已打过招呼，有过规定，抢劫民财要枪毙！这是纪律，要坚决执行！如果令出不行，说了不算，再发展下去，我们还叫什么人民军队，怎么能在大别山站住脚？"他越说越恼火，手指弓成五指锄，用力地"挖"着桌子。

刘伯承在屋里来回踱步，问："他是哪个单位的？"

"是直属警卫团的。"

"哦……"刘伯承摇头叹息道:"这是灯下黑哟!问题竟发生在我们眼皮底下,竟是些天天同我们打交道的人,说不过去哟!"他一个急转身向着李达、张际春说,"你们每个人都说说,这事该怎么办?"

李达额头青筋直暴,咬牙道:"问题发生在我们身边,更应该严肃处理,决不姑息!"

张际春也字字掷地有声:"我完全同意!已经三令五申,他还要去犯,这就叫执迷不悟,必须严惩!"

紧接着,邓小平命令:"张之轩同志,你通知部队,下午召开公判大会。另外,要派一些同志上山,动员群众下山参加。"

"是。"张之轩口里答应着,可身子没有动。

刘伯承便问:"你还有什么话要说?"

张之轩一脸痛苦:"那个副连长说,他对不起刘邓首长,中秋节那天晚上,首长还……"

刘伯承皱眉,惊问:"你说的是他……"

"就是三连副连长。他还说……"

刘伯承痛苦地摆摆手:"你不要说了,我知道他……"

银盘冷月天边挂,那是半个月前的中秋节晚上,机关驻在豫东商城县斛山寨。刘邓相约踱步出门,观景赏月,吟诗对句。突然,他们看到远处有个白色人影在晃动,刘伯承提议:"那是什么人,过去看看。"

"好像是哨兵。既然司令员有令，那我只能奉陪。"邓小平幽默一句。

刘邓快步走近"白影"，果然是哨兵。那白花花的原来是披在身上一床夹被。

刘伯承关心地问："很冷是吧？时近中秋，夜风袭人，这时站岗是要多吃些苦头了。"

"不冷。"哨兵见刘伯承也是身着单衣，难为情地取下了身上的夹被。

邓小平看着白色夹被，若有所思，"说不冷是假话，山区夜风冷。可你披着白色夹被，是容易暴露目标的。"他摸摸哨兵身上的单衣，触摸到他身上的伤疤，心疼地说，"可以多走动走动，增加身上热量。你是哪个单位的？"

"警卫团三连的。"

"听口音，你好像是太行山区人？"刘伯承关心地问。

"我是山西左权县人。"

"家里还有些什么人？"

"只有一个年近70岁的老母。"

"啊……中秋节是合家团圆的日子，她老人家会想你的。"

哨兵听到刘伯承这句深情的话，眼望月亮，闪出泪光。

听到了刘伯承说话，一个战士跑过来，立正站在刘邓面前投诉："司令员、政委，请你们给评评理，他是我们副连长，正在生病打摆子，可他却下命令替我站岗。"

"那是为什么？"刘伯承急切而欣喜地问。因为刘邓都明白了哨兵披夹被的真正原因，刚才那晃动的"白影"，竟是在战栗打摆子。

"说是让我去看演出，今天是中秋节。"

刘伯承又故意笑着问："那你是不是想让我给他下个命令，不要替你站岗？"

小战士满怀期待地点点头。

这时，只见那副连长对小战士大声喊道："还磨叽什么？命令就是命令，让刘邓首长说情也不行。再说打摆子是有时间性的，不发作时就跟好人一样的，不信你问刘邓首长是不是？"

刘伯承听罢开心地笑道："哎呀，你们这官司很难断。副连长同志，你叫什么名字？"

"赵桂良。"

刘伯承拍拍他的肩膀说："你做得对！干部就应该关心战士！"

然后又转过头对小战士说："应该听副连长的，你年轻，和我们一起去看节目，不然就是犯纪律呢。"

小战士无奈，只得跟着刘邓首长向篝火晚会会场走去……

公判大会正在总路嘴樊榨湾的一块平地上召开，战士们坐了黑压压一大片。

禁闭室里，桌子上放着满满一碗面条，是首长要炊事班给赵桂良专门做的，可他一直都未动。他呆呆地望着面碗，泪水流到颌骨的伤疤上，从伤疤堆积的褶皱里又纠结地滴在面条上。那伤疤是日本鬼子给他留下的，身上还有好几处这样的伤疤。今天，又要添伤疤了……

张之轩把面碗端到他的面前，他又轻轻地推开。

"你……你……还有什么话要说吗？"

"对于组织的处理，我没有意见，我……该杀，让同志们从我身上得到教训！"

见张之轩泪水夺眶而出，副连长终于抱头痛哭，断断续续地说道："我……我没有别的亲人，家中只有一个老母，我……我……对不起她呀！如果说要求，我只有一点，就是革命胜利后，请组织告诉她老人家，我是在战场上牺牲的，不是这个样子……"

张之轩泪流满面，不住地点头。他顾不上擦自己的眼泪，不断用手帕帮副连长擦眼泪……

突然，传来门外卫兵的争吵声。张之轩开门一看，原来是赵副连长替岗的那个小战士要闯进来。小战士已控制不住自己，他闯进来一头扑进副连长的怀里，边哭边喊："副连长，你不该死，让我替你死，让我……"

赵副连长的哭声却戛然而止，他忽然像变成了一头猛狮，推开小战士站起来，命令道："出去！你给我出去！我现在还没有死，你马上给我回连队！"

小战士也很倔，他站定身，抹一把泪水，抗拒"命令"道："我不走！就是不走！反正我想好了，我要替你去死，不管你怎么凶，我也要当着首长的面把话讲清楚。"

"你敢！"副连长怒吼着冲向小战士，推他出门。这时，张之轩拦住了。

小战士趁机哭诉道："首长，你知道吗？我们副连长拿的东西没有一样是给自己的。花布是给我做棉衣，他说我年纪小经不住冻，纸和笔是准备给连里出板报用的，那粉条……"

"你还说！"赵桂良一把捂住小战士的嘴，硬向外推。

"副连长同志，请你放开，让他把话说完。"张之轩拉着小战士的手来到门外，小战士抽泣着说："副连长见刘司令最近瘦得厉害，又听说他爱吃粉条，就想弄点……"

张之轩向邓小平详细报告了以上的细节和小战士报告的情况。

邓小平沉默许久不说话，好一会才开口："子轩同志，我的心情和你一样，关于粉条的事，千万不要告诉司令员，他已经很沉痛了，不能让这件事再刺他的心了。"

邓小平是很刚毅的一个人，不容易流泪，但说这番话时，他几乎是边流泪边说的。他亲眼看到了副连长带病替小战士中秋夜站岗，说他抢店铺的东西也确实都不是为自己而抢；自己同样眼看刘司令员瘦多了，刘邓早已是生死兄弟，每逢战争危局也都以自己年轻而且是政委的理由奔赴前线，让这位兄长指挥全局。副连长与他的心情是一样的，何况副连长身上那伤疤，回想起来心里犹如触电一般……

公判大会会场里传来躁动的声音……

邓小平走到了门口，点起烟狠狠吸了几口，突然转过身来，坚定地说："法纪如山，人民军队以群众利益为红线，'三大纪律、八项注意'早已颁布，抢劫群众财物枪毙早已明确，谁也不能以身试法！"

"那对他个人提的要求呢？"

"可以考虑作为战场牺牲告诉家人。三国时，诸葛亮挥泪斩马谡，但优抚其妻儿。今天，我们也是硬把眼泪往肚里吞啊！"说完这句话，邓小平沉重地挥挥手，"之轩同志，去执行吧"。

公判大会会场，队伍里不时传出阵阵抽泣，群众也坐在一旁，会场肃穆悲壮。

李达参谋长正宣读处决命令书时，会场突然闯进一个人。他就是为躲避大军，跑到山上去的那个店铺老板，他来到台前大声高喊："早知军纪这么严，我说什么也不会往山上跑。如果家里有人，也不会发生这样的事。首长，你们就高抬贵手，刀下留人，刀下留人呀！"

一位老妈妈，连跪带爬来到台上，拉着张际春的手，痛哭相求："首长啊！我当年也闹过红，当过交通员，知道咱们部队的纪律。可……可拿了几丈花布，几把粉条子，也不算个啥，你们千万千万莫毙他呀！我……我求求你们啦！首长，我代表乡亲们求求你们了！首长，放了他吧！"老妈妈又"扑通"一声跪在地上，台下群众也纷纷喊起来，要求首长放人。

张际春是平时被称为"妈妈政委"的野战军副政委，此时也无法控制自己，他扶老妈妈坐在一条凳子上，悄悄离开会场，再一次去找刘邓。

两位首长正在邓小平房间里默默坐着，听得到会场的声音。张际春走进来，报告了群众的请求，刘邓听了还是沉默，长时间的沉默，沉默……

还是邓小平先开口："际春同志，那位老妈妈讲的是群众的心里话，大家能理解，我也理解。可我这样认为：我们不能是'叶公好龙'啊！事虽不大，但军纪如山，动摇不得！一个没有纪律的部队是没有战斗力的，是不会得到群众真心拥护的。尤其是目前情况下，纪律应该是铁、是钢，而不能是豆腐渣，不能一碰就碎！不能让人们说我们是虚张声势！所以我的意见，还是……还是要坚决执行纪律！"

邓小平看一眼刘伯承，征询他的最后意见。

刘伯承抬头向天，好半天才沉重地点了点头，挥手让张际春照办。

张际春离去后，邓小平轻声对刘伯承说："司令员，我们到外面去走走吧。"他拉过那双指挥千军万马的手，竟然像一块冰，而且颤抖不止。

两人背向会场，朝低低的山坡缓缓地走着，走着……一路不再说话。

身后"砰"的一声枪响，刘邓两人身子都禁不住颤抖了一下。只见刘伯承仰天痛呼，那声音带点沙哑，仿佛已苍老许多："我刘伯承这是造什么孽，为什么要爱吃啥子粉条啊！"

这喊声连同那枪声，在空旷的山野里回荡。邓小平吃惊地望着刘伯承，不知道他如何晓得了这件事，此时此刻，用任何语言来劝慰、安抚这位爱兵如子的野战军司令，都苍白无力，无济于事……

邓小平痛苦地说："应该好好安葬赵桂良同志，应该……"

泪水从刘伯承的眼中簌簌落地，他机械地点点头。

"此事不要通知地方政府，按烈士军属待遇照顾他的家庭。一个同志犯了错误，也是我们没有教育好，我们也有责任，对不起组织，对不起生养他盼望他的老妈妈……"邓小平深深自责着，他的手又感觉触电一般，想起了赵副连长身上的伤疤。这一枪不会打在那老伤疤上吧！

38 | 大别山的年夜饭

桌上摆满了湖北麻糖、花生，还有羊肉，地上还有一只鸡。

警卫班的同志看着慰问品，心里乐滋滋的：今天是除夕夜，总算可以同首长们好好吃顿年夜饭暖暖身子了！

邓小平政委带一支很小的部队转战大别山，刚来到金寨县的一个山村，要拖住敌军，同敌人捉迷藏巧周旋。住河对岸的金寨县委书记很快知道了，他特地赶来慰问这支小部队。

邓小平见了慰问品，眉头皱了起来，"哪来的这些东西？"

县委书记高兴地说："今天除夕，是群众慰问军队送的。"

"真是'山中无历日，寒尽不知年'呵！"邓小平也高兴，但又严肃地说："老百姓生活够苦的了，这些东西要送还他们。"

听这么一说，县委书记可急了，赶紧解释："难得呀，在金寨遇上个除夕！老百姓一得知是你们来了，就很快凑拢了，催我过河来。"

说完，他直向邓政委身边的人使眼色。

警卫员出面求情说："村里人都跑光了，我们一时也找不到吃的，又要过大年了，这些东西我们作价买下来行不？"

邓小平环视屋里一圈人，与李先念、李达交换了一个眼色，坚定地说："不行，正因为要过年了，群众更需要这些东西，要全部退给老百姓，不能留下。"

县委书记简单汇报了工作，人走了，东西只好也带走了。屋里显得冷清清、空荡荡。

结冰的天气，警卫员点燃了松毛柴。邓小平拿来一本书扇火，火光映照着他的脸，他又明显消瘦了。

警卫员有点不高兴，嘟囔着："不拿群众的东西，买也不行。没有年货，除夕什么吃的都没有。"

邓小平边扇火边笑地说："哪有花钱买慰问品的道理。即是买下，群众不没东西过年了？嘿，小鬼，你肯定还有存货，拿来吃吧！"

警卫员苦笑着："只有几块麦饼，又冷又硬，还有一些枣子。"

邓小平拍响了手掌，孩子一般快活："快拿来吃，麦饼烤烤，红枣当菜，蛮好的一顿年夜饭！"

邓小平同战友们边烤边吃边聊，邓小平说："这时，藏起来的老百姓也该回家吃年夜饭了吧。我们共产党干革命，不是只为自己好好吃上年夜饭，是要让老百姓家家团圆，要先让群众好好吃上年夜饭，否则，还打什么仗呢？"

"等到革命胜利了……"邓小平又来了一番"精神会餐"。

大家啃着麦饼，有滋有味，笑得前仰后合。

添上一把松毛柴，火也笑了。

39 | 秋毫不犯

部队在大别山不停地转移，钳制着国民党的百万大军。转眼又到了 1948 年的春节了。这年春节，部队通知休息几天，安排队伍在山村宿营。

这是刚解放的新区，老百姓对共产党和解放军不了解，如果执行群众纪律有偏差，会直接影响部队在当地的立足。邓小平带着一个警卫员在各处检查。

邓小平查完一家宿营地，走进了一家老百姓的厕所。警卫员以为首长上厕所了，只好站在门外没进去，转眼见邓小平板着脸出来了，气愤地对警卫员说："你马上找机要处领导过来！"

机要处黄副主任赶紧过来问："邓政委，发什么急件？去机要处坐吧。"

"我倒没急件。你们的急件可这样发？"邓小平手指厕所，"你去看看，这像什么话？"

黄副主任一时懵了，以为有人将机要件当作垃圾丢了。他进厕所看，没看到废纸什么的，又马上转身出来。

"看到了吗？"邓小平追问。

"不见有纸呀？"

"纸？你以为是真的机要件。再去仔细看看。"

"嗯，老乡厕所里有新大便。我们人多，可能是战士们拉的。"黄副主任突然记起了已宣布的纪律。

因为宿营人多，不能随地大小便。在老乡的厕所里拉完大便后要用泥土盖上，以免影响卫生，让乡亲们讨厌。

邓小平说："你要追查一下，这是什么人干的？不是有过规定吗！"

黄副主任答道："是，我们一定追查。请政委放心！"

见邓小平又转去别处检查工作了，警卫员这才明白，刚才政委并不是要上厕所，而是进厕所里检查了。

一天，邓小平住在商城县黑河村的一个老乡家。他有个习惯，走到哪儿都愿意同老乡摆龙门阵，了解当地的风土人情，了解群众的疾苦。

聊着聊着，这位老乡觉得眼前的军人和气可亲，便没有了顾虑，说出了前几天，解放军在这里打土匪，把他的一头牛牵走了。

邓小平先有些不相信，这是解放军？居然会这样！他问老乡："你再仔细说一遍，到底是怎么回事？"

老乡叹气说："说起来，也该我倒霉。前几天，这儿闹土匪，土匪抢走了我的牛。可巧，解放军打过来了，土匪听到解放军的枪声，丢下牛拔腿就跑。解放军看着是土匪扔下的牛，就把它牵走了。"

邓小平说："牛是农家宝呀，那你为什么不去要回来呢？"

"嗨，兵荒马乱的，我哪敢！"老乡无奈地摇摇头，磕了磕烟斗说，"要不是见你这解放军特别随和，我还不想提呢。"

邓小平对老乡说："你放心，我来帮你找，一定要帮你找回来。"

老乡很感激，连连点头，但心里半信半疑，大别山这么大，一头牛到哪儿去找啊！

离开黑河村后，邓小平等人翻山越岭，又进入金寨县。也真碰巧，遇到了金寨县的一个工作组，一打听，正是这一组人在黑河村剿匪，还"缴获"了一头牛。

邓小平立刻板起了面孔，严厉地说："你们怎么不想想，土匪的牛是从哪里来的？老乡丢了牛，他能不着急吗？咱们都是农民的孩子，能不知道一头牛对农民有多么重要吗？你们打土匪把土匪手里的牛也牵来，你们不也成土匪了？"

一时间，工作组的人吓得说不出话。

"说是不拿群众一针一线，你们可好，一头牛都敢牵了。"邓小平故意当着众人把事情说严重些。

见工作组几个人都羞怯地低下了头，邓小平又缓和一下："这是一个群众观点问题，一切行动都要想到以维护群众利益为出发点。想到这一点，牛就不会牵回来，马上会去找失主的。"

工作组的组长抬头表示："邓政委，我们错了。明天我们就把牛送去，一定找到失主。"

"我看不要等明天，今天晚上月亮好，连夜送回去，这才像共产党的军队。"

送牛的队伍连夜就出发了。邓小平这才告诉他们失主是谁、家住在哪，最后还再三叮嘱："问清姓名，对上号，要送到老乡的手上，还要一路送进他的牛栏里。"

40 | 前委的夜班

邓小平、刘伯承、陈毅都是淮海战役总前委常委，邓小平是总前委书记。

1948 年 11 月 23 日，总前委指挥部移驻小李家村。这是淮北平原上一个极普通的小村庄，四十几户人，全村的房子清一色的草顶、黄泥巴墙。

淮海战役已进入第二阶段，以中原野战军为主，华东野战军配合，全歼国民党黄维兵团的计划已经中央正式批准。这是决定中国命运的战役，并且是全世界少有的大兵团作战战例。在这个用黄泥巴夯筑的总指挥部里，白天黑夜，除了不停的电话铃响声就是雪片般飞来的电报、战报。军情紧急，三个人的交流只能选最精简的词或点头、手势和眼神交流，无暇过多讨论。

但是，这里也有过一场争执。

人总要休息，要轮流值夜班。靠近办公室的电话房间最吵，三人都争着住。刘伯承因为年龄大、身体弱，被照顾住了里间，陈毅、邓小平住了外间。于是，对值夜班的事刘伯承先发制人了："值夜班一视同仁，平等待遇。"

但邓小平、陈毅一致反对，出现了二比一的结果，否决了刘伯承的建议，不让他值夜班，只保留一条，重大问题把他叫醒三人商议表决。

邓小平说："我身体好，尽量多值夜班。"

陈毅看着邓小平笑了，平时很注意军容风纪的政委，因为日夜劳累，胡子很长了，也顾不上刮一下。他坚决表示："那不行，值夜班的权利一定要我们两人分享。"

邓小平毫不让步："我比你们小几岁，身体也好一些，我冲一桶凉水什么疲劳都跑光了。具体工作我多做些，夜里值班我也多值些。大的决定还是靠两位司令员，靠我们三个'臭皮匠'。"

三个人都是四川老乡，刘伯承性格敦厚些，陈毅、邓小平都风趣幽默，自然给这个偏僻山乡的黄泥巴屋里缓解些战时紧张的气氛。

邓小平硬是坚持多守夜班。他让电话兵把电话线留得长长的，铃声一响，他就马上拿起电话，披上衣服，到院子里去接电话，尽量不影响他们俩夜间休息。

实在疲惫时，他睁大眼看看门外的雪堆，或再要警卫员去井里打桶水来，从头上浇下去，并连连出声"好痛快，好痛快！"的呼声。

电话铃声响起，又是个忙碌的晚上……

41 | 推车记

南京刚解放，正由二野接管南京。

南京是个出了名的大"火炉"，邓小平从中央开会回来，一下火车就感觉到热浪逼人，让他喘不过气来。他进了浦口区司令部，区委书记谭善和全然不知，突然发现，又惊又喜。在办公室稍微休息了一下，邓小平便同警卫员起身要走。谭善和是他的老部下，想留首长吃了饭再回二野司令部。不停的蝉鸣却成了邓小平催战的鼓声，这里百废待兴，他急于回去，再说多在区委待一会儿就多耽搁区里的正常工作。

谭善和知道老首长一贯的风格，便由他去。但见他俩还带了一个不小的包，便问邓小平："给野司打个电话吧，派部车来接？"

"不用了。大家都在忙。眼下又不是战时，我们赶得及吃饭就成了。租一辆黄包车，自己走吧！"

说黄包车其实就是人力车。谭善和找车来了，目送首长上了车。

车夫面黄肌瘦，光着背，每使一下气力就见肋骨左右都在用力。邓小平马上下来，警卫员也跟着下车，不忍心看车夫这么拉两个人。

他们只把包放在车上，两人扶车走着。上坡了，邓小平和警卫员在后面推，车夫不停地调过头来说："没事，你们坐车吧，没事。"

见车夫老转身打招呼，知道他心里过不去，认为收了车费，就一定要让客人坐车。邓小平解释："我们的包放在了车上。没事，走你的。我们扶着走，也轻松。"

又上坡了，邓小平又在车后面弓身推车……

谭善和看得心里感动，也飞腿赶过来推车了。

"你回去吧。我们自己去野司就行了。这不也耽误了你的工作。"

"是！"谭善和向首长敬了个标准的军礼。看着政委推车的背影，他的眼睛湿润了，敬礼的右手久久不愿意放下来……

42 | 共和国不会忘记

邓小平在解放上海战役取得决定性胜利之后，终于病倒了。

自从 1938 年走上抗日战场，到 1945 年打响与国民党之战的第一枪，再到强渡黄河、挺进大别山，进行淮海战役，直到解放南京、解放上海，邓小平 11 年没有生过病，一直在前线指挥所里，连续辗转作战。他虽然并不强壮，但身体健康，为了战争，为了胜利，意志也必须坚强。在 8 年抗战、3 年解放战争中，他一直坚持洗冷水澡，无论春夏秋冬，打一桶冷水从头灌到脚三两下擦擦了事，心理意志力和身体环境适应力都成全了他。寒冬腊月，天寒地冻，他也从没间断这样的冷水淋浴。战争如火如荼时，他这位"政委"和"前委书记"更要保持头脑高度清醒啊！

上海解放的锣鼓声、全面胜利的捷报声让人兴奋难眠，稍没留意，终于让病毒钻了空子，他病倒了。他太累了，实在是太累了。他头痛，痛得卧床不起。

中央批准他休假一个月，在上海疗养治病。

1948年9月的一天，邓小平的身体还没有完全恢复，他与卓琳带着3个孩子来到了北京，又在北京接着治病养病。在病榻上，有了稍息回味的时间，回望革命历程中一路走来的步步苦甜……

看着孩子，也看到了他们走过来的烽火岁月。想起1939年9月初的一个傍晚，在延安杨家岭毛泽东的窑洞前，中央为他和卓琳举行结婚仪式。

头一个月，他同刘伯承一块从太行山八路军抗战战场赶回延安，参加政治局扩大会议。在延安他见到了老战友邓发，大家一聊，知道邓小平35岁了，还是单身一人，回想起在瑞金时邓小平的那次被"闪电离婚"，这急坏了同志们，决心要尽快为他找个合意伴侣。功夫不负有心人，时间虽然仓促，但邓小平与卓琳却一见钟情。

卓琳是云南宣威人，父亲是云南著名的"火腿大王"，家境优裕。因从小聪明活泼，卓琳被父母视为掌上明珠。15岁时，她被选为云南省参加全国少年组60米短跑的田径选手，正随队出发到达香港时，"九一八"事变爆发。从此，她决意不回云南，立志救国，到北京去念书。她只身来到北京，经过几个月的补习，考取了北京第一女子中学。在女子中学她参加了"一二·九"学生运动，思想上有了质的飞跃，后又考取了北京大学物理系，成为云南第一个考上北京大学的人。在北大她积极参加抗日民族解放先锋队组织的外围活动，从此开始投身革命。1937 年"七七"事变后，北京待不下去了，她同许多热血青年一样，毅然投奔革命圣地延安，1938 年初在延安的陕北公学图书馆加入了中国共产党。

她经同志们介绍与邓小平见了面，之前只知道邓小平是个红军将领，正在前线指挥抗战，可邓小平究竟做什么工作，担负什么责任，她并不了解。这似乎对她并不重要。共同的革命理想和共同的人生追求，让 23 岁的卓琳和比自己大 12 岁的邓小平一见如故。

在杨家岭毛泽东窑洞前举行的是"集体婚礼"，同时还另有一对新人。毛泽东夫妇、张闻天夫妇、李富春夫妇，博古、刘少奇都参加了这次婚礼。

婚礼几天后，卓琳和邓小平带着同志们的祝福，双双启程奔赴太行山抗日前线。

这次来北京，邓小平是人生第一次。他一边在北京治病，一边向中央报告工作和研究解放大西南的作战。

1949 年 9 月 21 日，邓小平参加了在中南海怀仁堂召开的第一届中国人民政治协商会议。会上，毛泽东庄严宣告："占人类总数四分之一的中国人民从此站立起来了。"会后，邓小平随毛泽东和全体代表，挥锹铲土，庄严肃穆地为天安门广场的人民英雄纪念碑举行了奠基礼。

1949 年 10 月 1 日这一天终于到来，毛泽东同他的战友们登上天安门城楼，毛泽东庄严宣布：

中华人民共和国成立了！

中国人民从此站起来了！

邓小平和刘伯承、陈毅这些开国元勋们肩并肩地站在天安门城楼上，倾听广场上 30 万人齐唱《义勇军进行曲》，观看 30 万欢呼沸腾的群众和游行队伍，注视广场上升起的五星红旗……

闪闪的红星、幸福的泪花，让邓小平又回到了难忘的岁月。鲜艳的红旗上映出千万英雄浴血奋战身影……

回家后他庄重提笔，写下了心里最想要说的一句话：

永远铭记着：在过去长期艰难的岁月里，人民英雄们用了自己的鲜血，才换得了今天的胜利。

邓小平敬题

1949 年建国日

43 | "菩萨兵"

1949 年是最令人难忘的一年，也是邓小平军事生涯中最辉煌的一年。这一年，他作为刘邓大军（第二野战军）政委，率军获得了解放大西南战役的胜利。

7 月 16 日，中央军委正式下达二野向华南、西南进军的指示。

7 月 18 日，二野发出进军西南的命令，要求各部队在军事、政治、后勤方面进行充分准备，特别要加强进军的政治动员和思想动员。

为了使西南服务团这股新生力量尽快适应征战大西南的需要，在服务团出征前的八、九月间，邓小平先后五六次给全团作政治报告，讲毛泽东新著的《论人民民主专政》，讲人民之本，讲党和人民群众的鱼水关系，讲民主在政治中的重要意义。

在向大西南挺进的过程中，刘、邓在部署军事战略的同时，还对敌人发起了大规模思想攻势。11 月 21 日，刘、邓以中国人民解放军第二野战军司令部的名义向四川、贵州、云南、西康四省的国民党军政人员提出忠告：

国民党残余力量经我人民解放军在华东、华中、华南、西北各地给予接连不断的歼灭性打击后，现已接近最后覆灭之期。贵阳已经为我军占领，国民党的所谓最后战略体系，又已经被我拦腰斩断。酉、秀、黔、彭既告解放，则四川东南门户亦已洞开，重庆、成都、康定、昆明等地，短期内亦将获得解放。你们应该明了这种形势，迅速选择自己应走的道路。本军此次奉命进军西南，负有坚决推翻国民党在西南的反动统治及解放西南7000万人民之使命，但对西南国民党军政人员，一本人民政协共同纲领及毛主席、朱总司令约法八章之旨，给以改过自新、立功赎罪机会，并愿以下列四事相忠告：

一、国民党军队应立即停止抵抗，停止破坏，听候改编。凡停止抵抗、听候改编者，无论其属于中央系或地方系，均一视同仁，指定驻地，暂维现状，尔后即依照人民解放军的方式进行改编，所有官兵，按级录用。凡愿意放下武器者，一本自愿原则，或分别录用，或资遣回籍。凡迅速脱离反革命阵营并协同人民解放军作战者，当论功行赏。如果你们愿意这样做，你们随时可以派代表同附近的人民解放军接洽。

二、国民党政府机关政治、经济、文化、教育工作等人员，应即保护原有机关、学校财产、用具、档案，听候接收，无论其属高级、中级或下级职员，本军均一本宽大政策，分别录用或适当安置，其在接收中有功者，并给予适当奖励，破坏者受罚。

三、国民党特务人员，应即痛改前非，停止作恶。凡愿改过自新，不再作恶者，均可不咎既往，从宽处理。其过去作恶虽多，但愿改悔者，亦给以立功自赎之机会。其执迷不悟，继续作恶者，终将难逃人民之法网。

四、乡保人员，应即在解放军指示下，维护地方秩序，为人民解放军办差事。有功者奖，有罪者罚。

文告最后向西南国民党军政要员指出，早日进入和平建设，恢复多年战争创伤，这是全国人民的一致热望。再做无谓的抵抗，徒然增加自己的罪孽。如能立即觉醒，投向光明，为时还不算晚，还有向人民悔过的机会。若再延迟，将永远不能为人民所谅解，其应得后果，必身受之。继续反动与立即回头，黑暗与光明，死与生，两条道路摆在你们面前，不容徘徊，望早抉择。

在刘、邓四项忠告的感召及统战工作的威力之下，西南地区的国民党军队纷纷起义。

12月8日，宜宾之敌联系解放军，12月11日万余人正式宣布起义。

12月9日，国民党云南省和西康省政府主席等宣布起义，云南、西康两省和平解放。

12月10日，国民党第19兵团副司令及89军军长分别发出起义通电。

12月21日，国民党第16兵团在广汉起义。

12月24日，国民党第15兵团、第30兵团在彭县起义。

12月25日，国民党第7兵团在德阳起义。

12月27日，国民党第18兵团在简阳以西地区起义。

......

刘邓大军接毛泽东急电准备乘胜进军西藏。邓小平组建"西藏问题研究室"，根据毛泽东提出的"进军西藏，不吃地方"的重要方针，邓小平提出了"政治重于军事，补给重于战斗"的进军方针。1951年9月，二野第18军开始进藏，肩负和平解放西藏这一光荣而神圣的任务。

在邓小平的严格要求下，18军进藏全体官兵纪律严明，秋毫无犯。

在冰天雪地的进军途中，他们始终坚持住帐篷而不进寺庙，不经同意不住民房。干部战士断粮了，宁可饿肚子，也绝不吃群众地里一把青稞。

在宗教这个西藏最敏感的问题上，邓小平更是多次教育部队要切实保护喇嘛寺庙，尊重西藏僧俗人民的宗教信仰，用自身模范行动增进汉藏民族的团结。

一次行军途中，一位战士对横在路上的老鹰踢了一脚。对此不尊重藏胞风俗而违反政策纪律的行为，也给予其警告处分。

邓小平还亲自主持起草和平解放西藏的 10 项政策，受到党中央、毛泽东的充分肯定和高度赞扬，10 项政策成为和平解放西藏十七条协议的基础。

进藏部队赢得了西藏广大僧俗人民的极大信任。无论是西藏的高层官员、僧侣、贵族，还是普通老百姓，都热情地称进藏部队是"新汉人""菩萨兵"。

格达活佛深明大义，舍身劝和。西藏人民与进藏刘、邓 18 军为和平解放西藏，谱出了一曲可歌可泣的人类文明颂歌！

44 | 一封群众来信

西南局机关重庆《新华日报》，于 1951 年 7 月 6 日刊登了重庆市第三区（现沙坪坝区）沙坪坝小学教师徐秀英的一封来信。

邓小平看报很注意"群众来信"栏目，他读到这封来信后，一直关注着这件事的后续报道。

这封群众来信反映的是地方文教主管部门任意占用教师的时间，如拉教师去搞宣传和社会扫盲等工作，参加与教学无关的会议等，使教师没有时间认真备课和正常休息，影响学校教学秩序和教学质量。信中建议"文教部门应关心小学教师的疾苦，给教师以必需的休息和备课时间，以利抓好教育"。报上还郑重说明信中署名"徐秀英"是化名，她怕打击报复，希望报社对她的真实姓名保密。

来信刊登后，在解放不久的重庆教育界和读者中反应强烈。报社又接连收到这所小学教师的来信，认为徐秀英反映的问题符合事实，批评合理，表示支持。

报社也收到了一封以校长李若筠领衔的"沙坪坝小学全体教职员工"联名写来的"申明信"。信中指责徐秀英"捏造事实，损害学校名誉"，还郑重要求报社"予以更正，以正视听"。

过了几天，报社又收到了第三区人民政府的信函，称"徐秀英反映的不是事实"，并说"经查该校无徐秀英此人"，也申明"要求报社予以更正"。

后来报社又收到这所小学的教师一封匿名信，揭发那封全体教职员工的信，是校长起草后强制职员签名的。匿名信提出"绝大多数教职员工都认为徐秀英信中反映的情况属实。请求派记者到校调查"。

记者调查后真相大白：化名"徐秀英"的来信完全属实，且问题比信上写得还严重。那封"申明信"出自校长之手，是校长多次强制大家联名签署的。李校长本人也真实反映，是区人民政府文教科领导事先指示她干的，她本身对文教科打乱教学秩序、强迫命令也很有意见。

《新华日报》从8月25日开始，又先后发表了这所学校的教师来信和李校长的"联名信是区政府指示我做的"申明信。编辑部并同时加了编者按语:《反对任何压制民主的作风》，文中指出，只要态度端正，勇于开展批评与自我批评，错误是不难改正的。

没想到，这个区人民政府的主要负责人不但不自我批评，反而怀疑李校长是说真话的人，并派文教科负责人向报社强索"徐秀英"的真名，报社拒绝，于是就大闹报社，造成极坏影响。

邓小平一一读了后来的"群众来信"和按语，对发生报刊栏目之外的一些信息也有所了解。因为群众来信，他更加重视了学校存在的问题，并亲自听取情况汇报，还亲笔修改了报社的社论稿《是结束学校教育工作中混乱现象的时候了》。

邓小平还严肃指示报社，对于"所有乱抽乱调的单位，报纸都要公开点名，否则此风刹不住"，并在报社关于这一事件的报告上亲笔批示重庆市委书记和市长："霖之、荻秋二同志，请你们干涉此事。"

在邓小平的指示和亲自过问下，重庆市委市政府对坚持错误、压制民主、对抗批评的主要责任者——第三区区长兼文教科科长予以党纪政纪处分，对第三区纪委等相关人员也分别给予纪律处分。

《新华日报》于11月29日，在显著位置刊登了这位区长的"检讨书"以及对他和另两位干部所犯错误的处分决定。

从此，重庆市中小学教学秩序迅速好转。

45 | 离开之前必办两件事

1961 年 8 月，中央在庐山召开一次重要会议。本来，根据中央的安排，邓小平不上山，留在北京主持中央日常工作。但会议开始后，毛泽东和周恩来考虑到会议要讨论的几个条例和文件，是由邓小平主持起草的，他更了解情况，便临时通知他上山。

庐山风光秀丽，但风光吸引不了他，他的注意力，放在如何把国民经济比例严重失调的状况扭转过来，他紧张地工作着。

一天，卓琳在等邓小平吃晚饭。负责生活的同志见邓小平整天加班，吃饭也难以按时，便向卓琳提出改善点生活，增加些营养。卓琳很了解邓小平，除了餐餐要点辣椒之外，没额外要求。全国都在经济困难时期，怎能提改善伙食的事。卓琳指着餐桌答道："这个伙食已很好了，首长很满意，不必再麻烦你们了。"

快到晚上 8 点钟，邓小平才回来吃饭。卓琳告诉他刚才负责生活的提出改善下伙食，她谢绝了。

邓小平听卓琳一说，放下筷子，发出感叹："群众真好啊，他们吃不饱肚子，还老惦记着我们。"

放下筷子说这番话，邓小平更是感到自己肩上的担子之重。刚从审议条例的会议上回来，下去调查的一幕幕还浮现在他的脑海里。

深夜里，邓小平的住房还亮着灯，他和李富春、薄一波等人又夜以继日商议工作。

管理员向卓琳请示是否准备点夜宵。卓琳见他们熬得太晚，回答说："不用做别的，下些面条，把白天吃剩的青菜倒在一起煮煮就行了。"

面条煮好后，服务员端了进去。邓小平很是歉意地说："对不起，又让你们辛苦了。"

大家一面津津有味地吃面条，一面讨论着未完的工作。

9月16日，会议结束了，邓小平把身边工作人员叫来，交代两件事："第一，把我们一家三口（他女儿邓楠中途上山）的伙食费、粮票和洗衣费都结算清楚，全部交清；第二，把发给我的那条'熊猫'牌香烟退回会议接待处。"

临走时，他还打听工作人员是否一一结清，方才上车离开庐山。

这是邓小平第一次来庐山。无论下乡、开会，离开之前，交清伙食费、退还别人送的东西，是邓小平每次交代必办的两件事。

46 | "小平小道"

1966年5月16日，中共中央发出"五一六通知"，反修防修的"文化大革命"全面开始了。主持中央日常工作的刘少奇、邓小平因派遣工作组到大中学校被视为阻碍运动，指责他们为"错误路线的代表人物"，邓小平也被扣上了"中国第二号走资派"的帽子。

10月18日，邓小平和妻子卓琳及继母夏伯根被迫离开北京，举家南迁江西。

在周恩来总理的亲自关怀下，驳回了把邓小平一家放置在边远山区赣州的计划，而是安置在南昌市郊的望城岗，住在新建县的一所南昌陆军步兵学校的"将军楼"里。从此，邓小平开始了近3年的监禁劳动生涯。

曾经做过毛泽东警卫员的陈昌奉，正担任江西革委会保卫部部长。他和江西省委领导从南昌来到新建县拖拉机修配厂，亲自对厂党总支书记兼革委会主任罗朋布置任务：确保邓小平安全！不是百分之九十九，而是百分之百。30岁出头的宣传干事、普通军人黄文华，被选中作为邓小平的管理秘书，实质执行的是"明监暗保"的任务。

罗朋在拖拉机厂组织成立了7人的邓小平安全保卫小组。布置全厂一天之内将所有"打倒邓小平"的标语全部撕掉、洗净，并安排修理车间靠得住的支部委员陶端晋同志具体负责邓小平的安全保卫工作。其他车间工人一律不准进修理车间，不准喊"打倒邓小平"的口号，遇外单位人员冲击喊口号，及时制止，并随时电话报告省革委会。

在"将军楼"安顿四五天后，罗朋带领邓小平、卓琳来到两里外的修理车间同陶端晋见面并了解环境。

黄文华第一次见邓小平不知怎么称呼，很是为难。邓小平走过来，主动对黄文华说："你今后就叫我老邓，不要叫别的，这样还自然。"于是，"老邓"这个称呼便在厂里叫开了。

陶端晋为安排邓小平劳动，很犯难。邓小平开始在修理车间负责清洗零件，卓琳则和女工在电工班修理马达上的电线，拆绕线圈。邓小平蹲下洗零件半个钟头的样子，就感到双腿麻木，直不起身子来。陶端晋又安排邓小平干画线的技术活，后来考虑他眼睛看图纸吃力，又商量让他干起了钳工，锉螺丝和拖拉机斗的挂钩。

面对车间一角的钳工台，这位65岁的老人，浮现出16岁时在法国勤工俭学时的情景。他是在法国雷诺汽车一厂学会钳工技术的，没料到 50 年后，竟然在江西的这个小修理厂派上了用场。

邓小平干钳工干得起劲、投入，工作熟练得让陶端晋十分惊奇。见他干得满头大汗时，有人会开玩笑说：老邓，今天要多吃一碗饭了。邓小平却一笑：我一个月 8 斤米。

黄文华知道了一愣，这些日子，只顾忙邓小平的学习、劳动，却把这大事忘了。于是，此后每个月的供应由 8 斤米增加到 20 斤。

邓小平每天上班，从住处到修理车间 1 公里，弯了一个大弯，又是走在公路上，容易招惹外人注意，不太安全。罗朋和陶端晋爬上围墙勘察，准备开辟一条近道。他们发现，只要在工厂的围墙上开个小门，对着"将军楼"开条小道，既减少路程，又可避免接触外人。他们把这个想法告诉了黄文华。黄文华也正为每天护送老人发愁，听他们一说便同意了。于是，一条小道很快修成。此后，邓小平、卓琳每天就行走在这条小道上，工人们亲切地称它为"小平小道"。

既为缓解经济困难，也为充实生活，邓小平夫妇在住地旁开荒种菜、饲养小鸡。小鸡养成了母鸡，母鸡下蛋了。有一天晚上喂食时，邓小平发现有只母鸡还没进窝，邓小平、卓琳找了好久，黄文华也帮着满院找，直到深夜才在一棵树下找到，原来被黄鼠狼吃得只剩下些鸡毛骨头了，一家人觉得十分可惜。

每天清晨，邓小平都要去菜地施肥、浇水、除草。看到丝瓜开花了，邓小平情不自禁地大声喊叫，要卓琳快来看，卓琳也一个劲地叫老头子看丝瓜花蒂上还结了小丝瓜了。邓小平闲时还做起了豆瓣酱……劳动的成果，不断给三位加起来 200 岁的老人带来欢欣和喜悦。

除了劳动，邓小平还要坚持在院中散步，每天步行 40 圈，并坚持了抗日战争以来形成的冷水淋浴的习惯，冬天也不例外。他边散步边说："先做第一个五年计划，改造五年，不行再加五年。""估计我这条件坚持十年还是可以的。"说完，哈哈大笑起来。

儿子邓朴方因下身瘫痪，后来也接来了江西"将军楼"里。三位老人开始艰难地护理一位下身瘫痪并正在治疗中的孩子。后来，女儿毛毛也从陕西回来帮忙。

这期间，继母身体不好时，年近七旬的邓小平，有时不但要照顾邓朴方，还要照顾继母夏伯根。

俗话说忠孝两难全。邓小平的父母过世了几十年，少年离家，为革命奔波，他后来没再见过父母一面，身为长子未能为父母亲尽孝道，心里一直愧疚。父亲死后，继母被接到邓小平夫妇身边，邓小平、卓琳待继母似亲生母亲一样，邓小平没有因为过去工作繁忙、现在又如此处境而放弃对继母的亲自照顾。三位老人相濡以沫，邓小平也因为能在继母身上尽了自己对父母应尽的孝道，内心感到慰藉。

一家人在这里想尽办法护理和激励着邓朴方，让孩子顽强地生活下去。读书、玩哑铃、练拉力器，毛毛还发明了和坐在轮椅上的哥哥打乒乓球的绝招……

1972 年 8 月 1 日，邓小平和修配厂全体职工一起，第 4 次听了关于林彪反党集团罪行报告之后，他给毛主席写去了一封信，表达了为党、为人民、为国家再做些工作的愿望。由于周恩来的关心，这封信很快到了毛泽东手中。

毛泽东看了邓小平的信后作了如下批示："请总理阅后，交汪主任印发各同志。（一）他在中央苏区是挨整的，即邓、毛、谢、古四个罪人之一，是所谓毛派的头子。整他的材料见《两条路线》《六大以来》两书。（二）他没有历史问题，即没有投降过敌人。（三）他协助刘伯承同志打仗是得力的，有战功。除此之外，进城以后，也不是一件好事都没有做过，例如率领代表团到莫斯科谈判，他没有屈服于苏修，这些事我过去讲过多次，现在再说一遍。"

毛泽东的批示和后来周恩来的大力支持，让邓小平终于从"小平小道"走了出来。

1973 年 2 月 19 日，邓小平在"将军楼"整理好行装，卓琳买来几斤水果糖、饼干和香烟，一家人向工厂工人们告别——

一家人都又突然想起：邓小平有一次因低血糖昏倒在车间回家的小路上，工人们开着拖拉机送老人回家，并一再把那条小路修补得平平整整。陶端晋为了邓小平的安全，特意为邓小平在车间的左边修了一个小便池。他每天都在邓小平上班前提前 20 分钟来、下班后推迟 20 分钟走，他要在邓小平的工作台周围检查一遍，他说："万一有人安放炸弹，就先炸死我。"每次快下班时，工人张瑞龙主动给邓小平送来半桶热水，请他洗手："老邓，快下班了，洗洗手吧！"邓小平接过热水，用肥皂洗净双手，又将手在热水中泡泡，感受工人细致的关心。陶端晋把家里漏水的脸盆烧焊，油漆工又来给焊疤涂上漆，补脚盆、修剪刀，教他们自己酿糯米酒。端午节到了，同卓琳一起劳动的程红杏，买来糯米、粽叶，手把手教卓琳包粽子……

程红杏也想起邓小平一家，用盛开的栀子花，精心编织成花环，端午节这一天特地送给她……工人们嘴里含着水果糖，回味几年来同邓小平相处的日子，回头又看着那条"小平小道"，泪水禁不住流出来……

47 │ 访美之行

1979 年 1 月 28 日至 2 月 5 日，邓小平副总理和夫人卓琳应美国总统卡特和夫人的邀请赴美进行了为期 8 天的正式访问。这是新中国领导人 30 年以来对美国进行的第一次访问。

先遣组于 1 月 13 日至 17 日在美国会谈和考察。

会谈在白宫举行。中方公安部副部长凌云等 5 人和我驻美柴泽民大使一起同美方相关人员会谈。

当美方翻译说我方只配 7 名安全人员时，美国在场人员都很惊讶，不太相信这个数字，为了防止翻译有误，他们又向翻译核实了一遍。美方核实后解释说，按照美国的做法，如总统或副总统要来中国访问，见于名单的安全人员就会有数十人甚至上百人，到别的国家还要加码。美国对我方把邓小平同志访美的安全责任交由美方负责殊为感动，认为这是对美方的最大信任，表示将运用一切力量来保证邓小平访美的圆满成功。

1月28日正是中国农历羊年的大年初一，上午8时30分，邓小平一行乘坐中国民航波音707型专机飞离北京首都机场。陪同出访的有方毅副总理、黄华外长等。专机经过一昼夜18500多公里跨越太平洋的飞行，于第二天上午10点抵达华盛顿。

卡特总统亲自在白宫南草坪上主持欢迎邓小平同志的仪式，美国国务卿、内阁重要成员、三军参谋长、众参两院议长、外交使节等参加欢迎仪式。在蔚蓝色天空的映衬下，第一次在白宫草坪上与星条旗并排飘扬的五星红旗格外鲜艳夺目。在检阅三军仪仗队、鸣礼炮19响后，卡特总统和邓小平副总理分别致辞。

此类隆重仪式往往只是为重要国家元首和政府首脑的来访而举行，对此，有些美方记者评论说：一个国家总统举行正式仪式，隆重欢迎另一个国家的副总理，并检阅三军仪仗队，这种超乎寻常的礼遇是极其罕见的。当晚，卡特总统和夫人在白宫举行盛大国宴。

政坛要人、商界巨子、媒体记者、艺术明星济济一堂，欢迎邓小平一行。邓小平身着浅灰色中山装，圆口黑布鞋，目光炯炯有神，满面红光。

宴会前，邓小平与开中美破冰之旅的美国前总统尼克松进行了亲切会谈。邓小平说：这是我第一次见到您，您访问中国时，我还在南昌市郊区的一家工厂做工，得知毛主席请您来访华，我是很高兴的。两位中美互访第一人有说不完的话，他们都在怀念已离世两年多的毛泽东主席。

接着，一位两鬓斑白的美国老太太在美国外交官的引导下，来到了邓小平面前。外交官介绍后，两人互相注视着，手紧紧地握在一起。

美国老太太无限感慨地说："您好难找啊！"

"您就是斯诺夫人？"邓小平似乎感到意外。

"是的，我是海伦。"

"您可是大名鼎鼎的记者啊！我听说过的，听说过的，遗憾的是，我们今天才见面。"

海伦拿出了一封纸已发黄的信，说："其实，我们早该见面的，请看毛泽东主席给您的亲笔信。"

邓小平接过信，一看，果然是毛泽东那龙飞凤舞的字体：

弼时、小平同志：

斯诺夫人随部队一起赴前方，作为战地记者，向外写报道。请在工作、生活诸方面予以协助和关照。

致

礼！

毛泽东

1937 年 8 月 19 日

邓小平屈指算来，这封信迟到了 42 年。

1936年，斯诺只身秘密到达陕北，经过4个月的采访，写下了《红星照耀中国》一书，成为第一次向世界全面介绍中国共产主义运动的外国人。采访中他被毛泽东、周恩来等共产党人的高贵品质所感动，被陕甘宁边区的革命浪潮所激奋。他希望妻子海伦也能亲身感受，便写信给海伦要她来陕甘宁边区相会。海伦因国民党的封锁，一年后才到达延安。在延安采访结束后，她找到毛泽东，要求上前线去直接采访红军将士，于是就有了这封信。海伦拿着信赶到前线时，任弼时、邓小平几小时前已带队开拔，追也追不上了。因此，海伦说真难找啊！

42年后，她终于在美国华盛顿的白宫见到邓小平。近半个世纪的烟尘散去，两位白发老人的思绪又回到了中国那段激情燃烧的岁月。这为邓小平的访美之行增加了历史厚重感。

在不到8天的访问中，卡特与邓小平先后5次会谈，邓小平参观各种活动共76次，平均每天有10场次。我方共发表正式讲话27次，其中邓小平亲自讲话22次，平均每天正式讲话3次，会见记者和举行记者招待会共8次之多，活动之频繁是过去我国领导人出访中少见的。

中美双方发表了《联合公报》。邓小平说："会谈的结果是令人满意的。"美国报刊载文说：这是美国历史上最具有意义的事件之一。

48 | "黄山这一课"

党的十一届三中全会吹响了农村改革的号角。1979年1月,《人民日报》陆续报道了安徽、四川、云南、广东四个省落实全会精神、试行联产责任制的情况,随之而来引发了一场激烈的争论。3月15日,《人民日报》在头版位置刊登了一篇来信和"编者按",中央人民广播电台也向全国播发了。

消息传出,震动很大。有的人认为,这是中央的新精神,有人却认为"三中全会的精神偏了,该纠正了"。在干部群众中一时产生了思想混乱,一些地方立即停止了"包工到组,包产到组"的推行;有些地方由于拿不定主意,由此还影响了春耕。

3月30日,《人民日报》同样在头版位置刊登了安徽省农委的来信,这是中共安徽省委书记万里指示省农委写的,来信要求正确看待联产责任制,强调包工或包产到组是符合中央"两个农业"文件精神的。《人民日报》同样加了"编者按"，也承认了 3 月 15 日"编者按"中有的提法不准确，今后注意改正。同时指出生产形式不能搞"一刀切"。

争论从报纸延续到 1979 年 4 月中央工作会议的会场上。支持"包工到组，包产到组"的省委书记在会上仍是少数。

安徽省委书记万里在会上说：你们走你们的阳关道，我走我的独木桥。

两个月后的五届人大二次会议期间，万里在会上找到了陈云，陈云对安徽的做法举双手赞成。

7 月，邓小平"出山"了。"五岳归来不看山，黄山归来不看岳"。邓小平去了安徽，登了黄山。

邓小平登黄山，第一是检验一下自己的腿功。20 年前，他腿部骨折，伤愈后，医生建议他坚持体育疗法。他每天坚持散步，在北京也常去登景山、香山。其次，也是想通过登黄山，寻找感觉、思考问题。

同志们准备的轿子停在了面前，邓小平摇手不要，迈开大步向山顶前进。走了几步，他特意转过头来，嘱咐陪他的家人："你们谁也不要坐轿子，要凭自己本事走上去。"

75 岁的老人身穿白衬衣，脚穿圆口黑布鞋，手拄拐杖，一口气登上了 30 多个陡峭台阶，把随行同志和亲属都甩在了后面。

大家担心地劝他走慢点，邓小平乐呵呵地说："这个事，你们不用教我，我比你们有经验。长征时候，不少人都跑垮了，我还是越走越有劲。"

他还向大家传授了两条经验：一是把裤腿卷到膝盖上面；二是步子不要太快。

大家一试，这办法还真灵，果然轻松多了。大家见邓小平不坐轿，谁也不敢坐轿，尽自己的最大能力，一步步追赶走在前面的老人。

邓小平站在黄山峻峭的山巅之上，见大家都凭自己双腿，不等不靠，尽自己的本事，都陆续赶上来了。这才算是全部调动了各人的运动能量。他骋怀览胜，极目远望……

他站在山巅微笑着对大家说："黄山这一课，证明我完全合格。"

邓小平登黄山证明了他的体力合格，同时又一次印证了他一直以来思考的农村土地问题：怎样充分调动、发挥出劳动者的积极性，各显其能，各尽其责……

这次来安徽，他专门听取了万里关于安徽农村联产承包责任制情况的汇报。邓小平肯定地说：你就这么干下去，实事求是地干下去，要不拘形式，千方百计使农民富起来。

于是，万里心里有了底，而且年初凤阳县小岗村 18 户农民还偷偷地签下了"生死状"，搞起的"包产到户"，也已见成效。

到 1980 年，安徽凤阳、肥西几乎全县，以及相邻不少县，都实行了包产到户，增产幅度很大。全国也陆续有兄弟省开始推行安徽农村的责任制形式。

针对党内外一些同志的担心，邓小平又发表讲话。他说：我们的总方向，还是发展集体经济。但他认为：

　　总的来说，现在农村工作中的主要问题还是思想不够解放。除表现在集体化的组织形式这方面外，还有因地制宜发展生产的问题。所谓因地制宜，就是说那里适宜发展什么就发展什么，不适宜发展什么就不要去硬搞。……现在有些干部，对于怎样适合本地情况，多搞一些经济收益大、群众得实惠的东西，还是考虑不多，仍然是按老框框办事，思想很不解放。

　　邓小平安徽之行的一番话，彻底拨开了阻碍农村改革的重重迷雾。以包产到户、家庭联产承包责任制为特征的农村改革在全国全面展开。

　　1980年，我国本是大灾之年，南涝北旱，全国受灾农田面积占全国播种面积的30%左右。但是，邓小平确定的农村改革的新政策为这场考试交出了发人深省的答卷，大灾之年全国粮食总产量高达31822万吨，是中华人民共和国成立以来第二个高产年，农民家庭副业更是突飞猛进，纯收入比上年增长42.2%。

　　包产到户，联产承包，各显其能，各尽其责，农民劳动积极性和生产智慧得到最大限度的发挥，古老的土地焕发出勃勃生机。

49 | "钢"与"铁"的碰撞

1982 年 9 月 22 日，北京首都机场、天安门广场和钓鱼台国宾馆上空，五星红旗和米字旗迎风飘扬，贯穿东西的长安街上挂满了欢迎的彩旗。见识过这种场面的人都知道，有英国的重要领导人来访。此前，《人民日报》也报道了英国首相玛格丽特·撒切尔夫人将于 9 月 22 日访问中国的消息。

9 月的北京，秋高气爽，气候宜人，不是春绿的一统，更没有冬枝的凋零，这是北京最好的季节。国内外旅游观光者、国外政界要人，都愿意在这个季节来北京。

22 日下午 1 点 20 分，一架英国皇家空军专机在北京首都机场降落。走下飞机的正是英国首相撒切尔夫人。

撒切尔夫人有"铁娘子"之称，此行访问中国，非同寻常。她是为试探在香港问题上中国政府的态度而来的。前几个月，英国和阿根廷因为历史遗留问题，爆发了马尔维纳斯群岛之战，英国凭借船坚炮利，大获全胜。英军舰返回本岛时，受到了自二次大战结束以来最隆重的欢迎。撒切尔夫人本人，也成为英国自丘吉尔之后威望最高的英国领导人。因此，"铁娘子"乘胜而来！她在选择抵京的日期上，更是煞费苦心。西方报纸当日放风说："说来也巧，这个日子正值主张'和为贵'的中国古代伟大思想家孔子诞生 2463 年纪念日之时……"孔子的思想有许多名句，西方报纸却偏偏点出了"和为贵"，可见其寓意深刻。

但"铁娘子"这次却碰上了"钢铁公司"。这个"钢铁公司"就是邓小平。毛泽东曾称赞过邓小平与"四人帮"的斗争："你开了个'钢铁公司'，好，我赞成你。"在 1975 年，英国首相希思访华时，曾问毛泽东将来如何解决香港问题。毛泽东说："反正要到 1997 年，还早呢，还是让年轻人去管吧！"他说这番话时，目光投向了在座的邓小平。

果然，邓小平不负众望。他提出的"一国两制"战略构想，本是从中国解决台湾问题出发的，但历史的发展却让香港先于台湾落实。

真正的"钢铁碰撞"是在 9 月 24 日发生的。

这天，"铁娘子"身穿蓝底红点丝质西装裙，脚上是一双黑色高跟鞋，手挽黑色手袋，颈戴一条珍珠项链，27 岁的她雍容华贵，光彩照人。

邓小平仍然是一身灰西服，腰板笔直，脸上微带笑意，双眼炯炯有神，周围密布的眼纹正像钢纹的质地。

这次会见是通过卫星向全世界现场直播的，世人多少眼睛在关注着这次"钢铁碰撞"。

关于香港主权问题的谈判双方是难以达到"和为贵"的目的的，会议一开始，气氛就显出紧张。

撒切尔夫人有其既定的主张，"铁娘子"先发制人，铿锵有声："历史上英国政府与中国清政府签订的三个条约是符合国际法的，仍具有合法性。必须遵守这三个条约。"

邓小平的脸部表情如钢板一般严峻，回答她的第一句话就是："坦率地讲，主权问题不是一个可以讨论的问题。"

"铁娘子"的向前试探，一开始就受到了"钢"的抵挡，坚硬得没有向前的余地。

邓小平加重了语气，接着说："应该明确肯定，1997年中国将收回香港，如果不收回，就意味着中国政府是晚清政府，中国领导人是李鸿章。"

邓小平表明态度后，他又向撒切尔夫人谈了中国政府的三点原则意见：

一、主权不容讨论。香港本来就是我们的地方，但从现实出发，"香港问题"可以谈，而主权不能讨论。二、希望在一两年内解决香港问题，否则中国将单方面宣布对香港问题的政策。三、与其今后解决，不如现在解决，假如香港出现了不可收拾的局面，我们将重新考虑收回香港主权的日期。

这三点意见足见其"钢"的硬度和回击分量。

"铁娘子"不得不从其既定的要主权、用主权换治权、中英共管、同意收回主权却不驻军等目标一步步退却卷"刃"。

后来，就香港报纸报道"中国将不在香港驻军"的问题，邓小平对香港代表和记者团拍响了桌子："我在这里辟谣，关于'将来不在香港驻军'的讲法，是胡说八道！……连这权力都没有，还算什么中国领土。"

最后，中英双方同意通过外交途径商谈解决。通过 22 轮谈判，在 1984 年 9 月，双方达成协议。同年 12 月 19 日在北京人民大会堂签署了关于香港问题的联合声明。1985 年 5 月 27 日，中英两国在北京互换批准书，中英联合声明正式生效。联合声明明确宣布：中国政府于 1997 年 7 月 1 日恢复行使对香港的主权。这颗被殖民主义者霸占百年之久的东方明珠终于按时回到了祖国的怀抱。

50 | 春天的故事

　　一家香港厂商要求回广州开设工厂，一份《内部情况商报》摆在邓小平的办公桌上。

　　时值 1979 年 1 月，此时邓小平担任中央政治局常委、国务院副总理。这家香港厂商要求回广州办厂引起了他的回忆：1975 年毛泽东对英国首相关于怎样解决香港问题的回答，那目光像还在盯住这位"年轻人"。离 1997 年香港回归还有 18 年，自己想亲眼看到这一天，也许自己看不到，但怎么收回？香港是资本主义社会制度，他们已很富、很繁华，我们怎么对接？我们的经济发展不能被人家瞧不起，社会主义经济发展要赶上并超过他们，肩上担子不轻，但又义不容辞！怎样赶？怎样超？让我们的发展环境能吸引更多的港商来广东沿海办厂，把河那边的钱放到河这边来花、来发展，这是一条好路子……

　　于是，邓小平毫不犹豫地挥笔，在这份商报上批示："这件事我看广东可以放开干。"

这时的北京正是隆冬，与春天只隔堵墙，春天的故事已听到了那边正要跨越门槛的脚步声……

批示传到了广东，给广东的工作带来了早春的气息。广东省委书记习仲勋同志带领一班负责人紧急行动，从这件事入手研究放开手脚工作，并组织调研怎样更好地开放。

4月，中央工作会议召开，广东省负责人汇报如何发挥广东优势，吸引爱国华侨、港澳同胞和外商来投资办企业等一系列放开干的设想。习仲勋又带着这个意见向邓小平单独汇报，提出广东要实行特殊政策和灵活措施。

中南海的湖边，湖水在融融春阳下波光粼粼，依依的垂柳呈现出一个生机勃勃的春天，也像在埋头深深思考……

邓小平和两个广东负责人，在湖边散步，后面远远地跟着警卫人员。他们三人的脚步缓慢。邓小平听着汇报，低头不语，默默地走着，思索着，一个早就萦绕心头的发展构想，就像种子经过了漫长冬天的酝酿、蓄力，已到外部环境气候、温度适宜，应该破土和催芽的时候了。

邓小平抬起头，目光炯炯地注视身边两位广东负责人，肯定地说："你们可以划出一块地方，叫做特区。"

见他们还有些不理解，他又补充说："陕甘宁就是特区嘛！中央没有钱，你们自己去搞，杀出一条血路来。"

广东两位同志都是陕甘宁边区出来的干部，自然懂得这"特区"是什么，"杀出一条血路"又意味着什么。

最后，就在这次中央工作会议上，中央授权广东在对外经济活动中，实行特殊政策和灵活措施。文件先是把广东命名为"出口特区"，后来又定名为"经济特区"。

8月，全国人大常委会第十五次会议批准《广东省经济特区条例》。深圳经济特区正式宣告成立。

与香港一河之隔的深圳，一支支建设大军从祖国四面八方开来深圳河畔，一群群打工者涌进来了，推土机、挖土机、起重机的隆隆声让这个边陲小镇沸腾了，也一天天让河对岸的港仔们看河这边看花了眼，摸着不安分的钱包，跃跃欲试……

但是，此事的争议仍然很大，连中央政研室印发的参考材料都有一篇题为《中国租界的由来》的文章，把深圳说成"租界"，可见认识上的争议有多大。西部一个省的副省长来广东参观考察，他在广东转了一圈，看到国土都成了私营的工场，回到宾馆大哭了一场。他想不通，认为革命几十年，现在变了。可见任何新生事物的诞生，必然引起人们的关注和议论，甚至还有许多非议。第一个"吃螃蟹"的，冒的风险可想而知。

1984年1月24日，中共中央政治局常委、中央顾问委员会主任、中央军委主席邓小平，离开正值隆冬的北京，在中央政治局委员王震、杨尚昆的陪同下，乘专列来到了鲜花盛开、春意盎然的南方。

1月24日上午10时，专列经广州站作短暂停留。广东省委负责人、广州军区负责人到车上看望邓小平。邓小平深情地对广东省省长梁灵光说："经济特区是我的提议，中央的决定。5年了，到底怎么样，我要来看看。"

深圳特区设立的第5个春天，邓小平首次来深圳巡视，探望改革开放这棵幼苗的成长。深圳究竟是什么样子，成功不成功，对特区的种种指责、怀疑对不对？

市委书记介绍：5年与外商签订协议2378项，协议投资118亿港元，引进了15000多台（套）设备，新修建了上百间工厂……特别是工业产值增长快，1982年达到3.6个亿，1983年达到7.2个亿。

"那就是一年翻一番喽？"邓小平插话。

"是翻一番，比办特区前的1978年增长了10倍多。财政收入也比4年前增长了10倍，去年达到3亿多。"

邓小平听了40分钟的汇报，只点头，不表态。他说："这个地方正在发展中，你们谈的这些我只装在脑子里，我暂不发表意见。"接着手一挥："到外面看看去！"

他乘电梯登上了国商大厦天台，80岁高龄的老人不顾天气还很冷，兴致勃勃沿着围栏，从东走到北，又从北走到西、南，尽情饱览深圳特区的建设和深圳全景。视线穿过蜿蜒的深圳河，凭栏远眺雾中的香港，久久凝望着……有人取出一件大衣，披在他身上，他全然不知。他在自言自语说：将来要到河对面那自己的土地上，走一走，看一看。

他的眼睛湿润了，陷入了深深的沉思……

老人头脑中又回响起那"铁娘子"盛气凌人又略带要挟的口气："香港只有在英国的管辖下才能继续繁荣。如果香港不能继续保持繁荣……"

深圳河这边，在邓小平面前，已矗立 60 多栋 18 层以上的高楼，这里将引进外资，继续兴建 198 栋 18 至 48 层高的高楼大厦。被誉为"神州第一楼"的国贸大厦，正以"三天一层楼"的速度向上攀升，已创造了蜚声中外的"深圳速度"。在这里，邓小平看到了一个现代化的新兴城市正在崛起。

邓小平又去了深圳河畔的渔民村。1979 年渔民人均收入 1900 元，1983 年人均收入 2800 元，35 户农民全部住进了村里统一新盖的双层小楼，家家是万元户，5 年成了广东全省首富村。走进农户家里，农民激动地说："我们穷苦的渔民能过上今天这样幸福的日子，真是做梦也没想到，感谢邓伯伯！是党中央和您为我们制定了好政策！"

邓小平说："应该感谢党中央。"

1 月 26 日下午，邓小平从蛇口登船去珠海视察。几天后，珠海传过来消息，邓小平同志题了词："珠海特区好！"

深圳人可沉不住气了。珠海特区好，总设计师对深圳特区为什么不表态呀？

深圳领导派接待处长赶到广州，也要邓小平题词，总设计师心里反复酝酿，挥笔写上："深圳的发展和经验证明，我们建立经济特区的政策是正确的。"

有了总设计师的肯定，深圳特区的建设速度更快了，并带动珠海、汕头、厦门特区的建设。

1992年1月17日，又是一个新春的门槛，一个已退休快3年的中华人民共和国普通公民，一位老人从北京出门，早早地叩开了祖国的南大门。他携一家老小乘专列南下，于18日上午10点30分到达武昌。停在1号站台的车门打开，在人们期待的目光中，一位老人走下车来，他就是88岁的邓小平。邓小平头戴铅灰色鸭舌帽，身着深灰色呢大衣，围着一条白色围巾，步伐依然是那样的坚定、有力。

中共湖北省委书记、省长一行迎上来，邓小平把手向前轻轻一挥，说："我们边散步边谈吧。"

邓小平此次南行，出发前没有向沿途各省打招呼，也不想惊动地方负责人出来迎送。经停武昌，是因邓小平有话要讲。

武昌火车站的站台只有短短的500米左右，他们走走停停，边走边谈，这是一次信息高度浓缩的谈话。邓小平一边走一边听着省委书记的汇报，时而插上几句话，时而停下脚步。他们这样在站台上来回走了4趟，中间停下来6次。

邓小平说，现在有个问题，就是形式主义太多。电视一打开，尽是会议。会议多，文章太长，讲话也太长，而且内容重复，新的语言并不很多。重复的话要讲，但要精简。形式主义也是官僚主义。要腾出时间来多办实事，多做少说。毛主席不开长会，文章短而精，讲话也很精练。周总理四届人大的报告，毛主席指定我起草，要求不超过5000字，我完成了任务。5000字，不是也很管用吗？我建议抓一下这个问题。

邓小平还说："多搞点三资企业不要怕，只要我们头脑清醒就不怕。我们有优势，有国营大中型企业，有乡镇企业，更重要的是政权在我们手里。"

他还一针见血地批评了"左"的言论和表现，指出："右可以葬送社会主义，'左'也可以葬送社会主义。中国要警惕右，但主要是防止'左'。"他告诫省委："发展才是硬道理""不坚持社会主义，不改革开放，不发展经济，不改善人民生活，只能是死路一条。"

他最后说："我的入门老师是《共产党宣言》和《共产主义ABC》。我读的书并不多，就是一条，相信毛主席讲的实事求是。过去我们打仗靠这个，现在搞建设、搞改革也靠这个。"

对邓小平在站台上29分钟的谈话，省领导关广富、郭树言、钱运录3人在火车站贵宾厅凭记忆整理出来，由钱运录作笔录。当夜，湖北省委将谈话传至中共中央办公厅。

18日下午4点，邓小平专列徐徐驶入长沙火车站。按计划，专列在这里停了10分钟，又同湖南省委领导在站台上谈话。

1月19日上午9点，专列抵达深圳火车站。邓小车健步走出车门时，恭候多时的省市领导迎上前去，邓小平亲切地和大家一一握手。

大家恭迎邓小平说："我们非常想念您！""我们全市人民欢迎

您！""深圳人民盼望您来，已经盼了 8 年了！"

出站后，邓小平住进了曾住过的深圳迎宾馆桂园。

考虑到邓小平 88 岁了，上午没安排活动，让他先休息。可老人到了深圳就坐不住，他马上下楼出宾馆，一行人上午乘车浏览市容。

登上了 160 米当时国内第一高楼的国贸大厦，邓小平同省委书记谢非等来到 53 楼旋转餐厅，临窗而坐，俯瞰深圳市区全貌。远近高楼林立，马路纵横，全新建筑，一派繁荣。面前，上次登上的国商大厦已成了"小弟弟"，邓小平很是兴奋。他又南眺远方，看到香港的建筑显得更近了，再过 5 年香港就要回到祖国怀抱，接着还有澳门。但愿那一天，他能在自己的土地上，走一走，看一看……

在这里，邓小平听取了省市领导的汇报。他也纵论天下事，从特区到全国，从国内谈到国际，足足讲了 30 多分钟。重复了在武昌站台上的那番话，还着重讲道：不仅经济要上去，社会秩序、社会风气也要搞好，两个文明建设都要超过他们（亚洲"四小龙"），这才是有中国特色的社会主义。

邓小平还说，走社会主义道路，就要逐步实现共同富裕。他还解释共同富裕的构想是这样提出来的：一部分地区有条件先发展起来，一部分地区发展慢点，先发展起来的地区带动后发展的地区，最终达到共同富裕。如果富的越来越富，穷的越来越穷，两极分化就会产生，而社会主义制度应该而且能够避免两极分化。解决的办法之一，就是先富起来的地区多交点利税，支持贫困地区的发展。当然，太早这样办也不行，现在不能削弱发达地区的活力，也不能鼓励吃"大锅饭"。

邓小平离开深圳的最后一句话还是叮咛，要敢闯、敢冒，"你们要搞快一点！"

23 日下午，邓小平去了珠海考察。月底，邓小平北上上海视察，仍是一路叮咛，2 月 20 日回到北京。

回北京时，正是杨柳吐绿的时候，北京城万象更新，一派春回大地的景象。

从此，中国的改革开放如滚滚春潮向纵深推进，一曲《春天的故事》唱响神州大地！

51 | 老人的心愿

在北京邓小平家里的餐厅里，淡蓝色的墙壁上高高地贴着一排字：

1922—1989—永远

1989 年 11 月 9 日傍晚时分，晚辈们还在家中准备一餐特殊的晚宴。

餐厅里摆出了两张圆桌，碗筷也摆好了。四个孩子一齐跑向正房，齐声嚷道："爷爷，开饭了！"

这天是邓小平退休回家的日子，一种特有的舒畅、超脱、轻松写在老人的脸上。

邓小平抬头看看墙上贴的一排字，深沉地笑了。1922 年是他少年投身革命的年头，1989 年，是他退休的年份。67 年的革命生涯，退休后永葆革命青春。这排字极简练地勾画出他一生的奋斗轨迹，并永远激励着他。

退休，对于个人来说是件大事。邓小平的退休，对于党和国家来说都是大事。早在1980年，他就提出要改革党和国家的领导制度，废除干部领导职务终身制。1987年，他又提出退休的愿望，当时他的身体还十分健康。中央最后决定，同意邓小平辞去中央政治局常委、中央政治局委员和中央顾问委员会主任的职务，留任中央军委主席一职。但是，他一直在努力培养接班人，一直希望能够在身体还健康的时候退休。

他曾写给中央一封情真意切的信，信中写道：作为一个为共产主义事业和国家的独立、统一、建设、改革事业奋斗了几十年的老党员和老公民，我的生命是属于党、属于国家的。退下来以后，我将继续忠于党和国家的事业。

中央经过认真的讨论，同意了邓小平退休的请求，并在十三届五中全会上做出了正式决定。

老人的这一夙愿终于实现了。

1992年5月16日，一辆黑色的小轿车停在中国少年发展基金会办公室门口，两位军人下车后，直奔捐款办公室。他们说明来意，是受一位老人之托，来为"希望工程"捐款的。留下3000元钱后，他们转身要走。

"同志，捐款要有个登记手续，请留下那位老人的名字。"办公室的同志赶紧拦住他们。

两位军人犹豫了一下，交换了一个眼色，接过登记表填了，在捐款人姓名栏里写下了"一位老共产党员"几个字。两人递交登记表后，便登车离去。

办公室的同志却机灵地记下了小车牌号。经多方查询，终于查到了两位军人是邓小平身边的工作人员，而那"一位老共产党员"正是邓小平同志。

到了秋天，这"一位老共产党员"又向"希望工程"捐款2000元。

钱事小，但作为一位退休的老人，他有一种难了的心愿：国家发展了，人民生活也一天天好起来了，但贫富差距还存在，并随着改革的推进，一天天在拉大，还有贫困孩子上不起学。怎样来缩小差距？作为一位老人他要表达个人的一点心意，不留名捐款更是为社会倡导良好风尚。

同年12月18日，邓小平阅读《参考消息》两篇文章后，又郑重写上一条意见："中国发展到一定的程度后，一定要考虑分配问题。也就是说，要考虑落后地区和发达地区的差距问题。不同地区总会有一定的差距。这种差距太小不行，太大也不行。如果仅仅是少数人富有，那就会落到资本主义去了。要研究提出分配这个问题和它的意义。到本世纪末就应该考虑这个问题了。"

1994年以后，邓小平的身体明显地虚弱了。90岁的老人了，他也知道，在人间的时间已不多了。死他不怕，枪林弹雨他都走过来了，此时却有两件大事，一直在老人心里牵挂着：

改革开放 10 多年了，经济发展了。可各种信息和现实表明，改革开放难免泥沙俱下，给社会发展已带来了明显的负面效应，而这种负面效应还在一天天增长。老人已一次次发出叹息：因为发展经济，让人的思想道德素质降低了，钱多了却丢失了人更重要的东西，这样的经济发展又有什么意义呢？老人身心不支了，他寄希望新一代中央领导集体务必科学地解决发展这个大问题。

香港回归的日期在临近，老人的另一个愿望就是他想要亲眼看到香港顺利回归，要去自己的土地上，走一走，看一看……

52 | 走向大海

离香港回归还有 4 个月零 20 天……倒计时牌一天天在告诉华夏儿女。而一位躺在医院的老人心里，也早藏有一块倒计时表。

嘀嗒、嘀嗒……

2 月 20 日凌晨，中央人民广播电台播音员沉痛的声音，伴着瑟瑟寒风惊动人们的耳膜："中国共产党中央委员会、中华人民共和国全国人民代表大会、中华人民共和国国务院、中国人民政治协商会议全国委员会、中华人民共和国中央军事委员会，极其悲痛地向全党全军全国各族人民通告：我们敬爱的邓小平同志患帕金森病晚期，并发肺部感染，因呼吸循环功能衰竭，抢救无效，于 1997 年 2 月 19 日 21 时 8 分在北京逝世，享年 93 岁……"

噩耗把人们带入了无限的悲痛之中。

香港回归倒计时牌又跳过了一天……

纪录片《春天的故事》中，一位老人浓重的四川方言背景音，又回响在人们脑海中："我要到自己的土地上，走一走，看一看……"

北京景山附近的粮库，邓小平生前居住了20年的院子，似乎也被悲痛淹没。院子里有一对油松，拙朴、苍劲，一高一矮，枝叶拥抱着，并肩伫立。因为邓小平和夫人卓琳都属龙，所以，家里人都称这一对松树为双龙松。如今，双龙松也仿佛在寒风中萧瑟、呜咽……

小院摆满了各种寄托哀思的鲜花，这是人们听到噩耗后自发送来的，每一朵鲜花都表达了人民对邓小平的热爱。

悲痛中，邓小平的夫人和子女没有忘记邓小平的嘱托，他们郑重地向党中央写了一封信，要求丧事从简，把骨灰撒入大海。

追悼会之后，3月2日，一架银色的飞机从北京西郊机场起飞，向连云港外的黄海飞去。

四海相连，蔚蓝的大海敞开了宽广的胸膛，迎接这位中国人民伟大儿子的归来。

邓小平的骨灰，在空中飘洒成一条龙，徐徐落入大海，落在生他养他的中国大地上。

南海在呼啸，海浪一阵阵飞上香港、九龙沿岸。大地欢迎这位儿子从水路而来，"在自己的土地上，走一走，看一看……"

邓小平的一生奉献给了自己的祖国，他回归了这方生养的水土，包括港澳台地区、钓鱼岛……他从水路上岸，在自己的土地上走一走、看一看……他已实现永生！

主要参考书目

1. 邓小平 . 邓小平文选［M］. 北京：人民出版社，1989.

2. 中共中央文献研究室 . 邓小平传：1904–1974［M］. 北京：中央文献出版社，2014.

3. 冷溶，汪作玲 . 邓小平年谱：1975–1997［M］. 北京：中央文献出版社，2004.

4. 中央文献研究室科研部图书馆 . 领袖人生纪实丛书·邓小平人生纪实［M］. 南京：凤凰出版社，2011.

5. 于俊道 . 邓小平实录［M］. 北京：中国工人出版社，2012.

6. 周志兴 . 邓小平［M］. 北京：国际文化出版公司，2012.